Herausfordernde Führungssituationen

Souverän bei Kritik und Konflikten

Gunnar C. Kunz

D1725580

C.H.BECK

So nutzen Sie dieses Buch

Die folgenden Elemente erleichtern Ihnen die Orientierung im Buch:

> Die Merkkästen enthalten Empfehlungen und hilfreiche Tipps.

Auf den Punkt gebracht

Am Ende jedes Kapitels finden Sie eine kurze Zusammenfassung des behandelten Themas.

Inhalt

Einführung

In diesem Buch werden unterschiedliche herausfordernde Führungssituationen behandelt, mit denen ein Vorgesetzter in der Unternehmensrealität konfrontiert werden kann. Es handelt sich um exemplarische Beschreibungen von Situationen, die in dieser oder ähnlicher Form auch in Ihrem Führungsalltag auftreten können. Bei den nachfolgenden Situationsbetrachtungen wird jeweils der Blickwinkel der Führungskraft eingenommen:

• Was kennzeichnet die Situation? Worauf ist besonders zu achten?

• Wie kann der Teamleiter im Einzelnen vorgehen?

• Welche Fallstricke und Barrieren sind zu berücksichtigen? Was sollte besser vermieden werden?

Wenn Sie sich selbst in die entsprechende Situation hineinversetzen, haben Sie wahrscheinlich eigene Einschätzungen dazu, wie Sie persönlich an die gestellten Anforderungen herangehen würden. Sie können dazu Ihre eigenen Überlegungen zu möglichen Vorgehensweisen mit meinen Ausführungen und Handlungsempfehlungen abgleichen. Dadurch erhoffe ich mir, dass Sie Ihr eigenes Führungsverhalten selbstkritisch überprüfen und auch neue Ideen entwickeln, wie Sie künftig wirkungsvoller in Ihrer Führungspraxis agieren.

Die Beispiele sind idealtypisch beschrieben, sodass die konkrete Praxis in Ihrem eigenen Führungsalltag sich wiederum anders darstellen kann: Jede Führungssituation erfordert ein individuelles, anforderungs- und mitarbeitergerechtes

Führungshandeln. Es gibt nach meiner Auffassung keine „optimalen Lösungen", die in allgemeinverbindlicher Form vermittelt werden könnten – etwa wie in einer spezifischen Konstellation in Ihrem Hause ein Mitarbeitergespräch zu führen oder eine Teamsitzung zu leiten ist.

Als Führungskraft sind Sie gefordert, in flexibler Weise auf die besonderen Umstände und Voraussetzungen Ihrer Mitarbeiter zu reagieren. Dabei sind viele Faktoren zu berücksichtigen und in Einklang zu bringen: etwa die jeweiligen Unternehmensziele und die Kundenerwartungen, die Unternehmenskultur in Ihrem Hause, die Erwartungen Ihrer Mitarbeiter und der eigene Führungsstil.

Die nachfolgenden Situationsbeschreibungen sollen Ihnen eine Chance bieten, Ihr eigenes Vorgehen zu reflektieren und beim Durchdenken der Beispiele neue Anregungen zu sammeln:

• Wie kann ich eine komplexe Situation in der Führungspraxis bewältigen?

• Wie werde ich den gestellten Anforderungen gerecht und kann dabei auch die individuellen Mitarbeiterbedürfnisse berücksichtigen?

• Wie lässt sich ein unterstützender und einfühlsamer Führungsstil realisieren, bei dem im Idealfall ein Einklang zwischen Unternehmenszielen und Mitarbeitererwartungen hergestellt wird?

Im Führungsalltag sind solche Problemstellungen von Ihnen immer wieder aufs Neue zu bearbeiten. Insofern kann die Auseinandersetzung mit den in diesem Buch geschilderten Situationsbeispielen nicht das flexible, anforderungsgerechte und teamorientierte Führen in dem jeweils einzigartigen Praxisumfeld Ihres Unternehmens ersetzen. Eine verbindliche Lösung vorzugeben, wie jeweils zu reagieren ist, wird meines Erachtens der Komplexität der Führungsrealität nicht gerecht und wäre insofern eine unzulässige Vereinfachung. Es wird dementsprechend kein „Rezeptwissen" vermittelt – etwa nach dem Motto „Bei Mitarbeitertyp A führen und motivieren Sie in Situation X folgendermaßen …" Ich stehe diesen typisierenden, eher schematischen Betrachtungen kritisch gegenüber, da Sie der Vielfalt und Einzigartigkeit der Menschen in Organisationen nur bedingt gerecht werden. Stattdessen ist nach meiner Auffassung ein ganzheitliches und wohldurchdachtes Vorgehen im jeweils besonderen Einzelfall wünschenswert, um in einer gestellten Praxis- und Teamsituation einen überzeugenden eigenen Weg als Führungskraft zu finden.

Ich hoffe, Sie erhalten im Folgenden neue Anregungen und können zugleich Ihre persönlichen Einschätzungen zur Bewältigung herausfordernder Führungssituationen selbstkritisch hinterfragen, um dadurch Ihre Führungssouveränität im eigenen Praxisfeld weiter auszubauen.

Gunnar Kunz, 2017

Sie führen ein Kritikgespräch

Situationsbeschreibung

Sie sind mit den Leistungen eines Mitarbeiters unzufrieden. Eine Sonderaufgabe wurde nicht vereinbarungsgemäß erledigt. Sie hatten Ihren Mitarbeiter darum gebeten, für einen Kunden ein individuelles Angebot zu erstellen. Vor einigen Wochen hatten Sie ihn in einem persönlichen Gespräch aufgefordert, nach Abstimmung mit dem Kunden eine spezifische, firmenbezogene Produkt- und Servicelösung zu entwickeln. Da Ihr Mitarbeiter für die Kundenbetreuung zuständig ist, hatten Sie erwartet, dass er fristgerecht ein individuelles Angebot für den Kunden ausarbeitet und ihm unmittelbar vorlegt. Sie führen deshalb ein anlassbezogenes Kritikgespräch.

Wie schätzen Sie die Situation als Führungskraft ein?

Da Sie Ihrem Mitarbeiter eine lösbare Aufgabe gemäß seinem persönlichen Zuständigkeitsbereich und seinen Voraussetzungen übertragen haben, sind Sie davon ausgegangen, dass die getroffenen Vereinbarungen zügig und einwandfrei umgesetzt werden. Sie schätzen Ihren Mitarbeiter als zuverlässigen und kompetenten Mitarbeiter. In diesem Falle sind Sie jedoch der Auffassung, dass die übertragene Aufgabe nicht gemäß den getroffenen Absprachen erledigt wurde. Der Kunde, mit dem Sie seit vielen Jahren eine angenehme Geschäftsbeziehung pflegen, hatte sich direkt an Sie gewandt und nachgefragt, wieso er noch nichts von Ihrer Firma gehört habe. Er sei irritiert, dass das Angebot nicht vorliege und ziehe deshalb in Betracht, den Auftrag anderweitig zu vergeben.

Sie sind deshalb verärgert und können nicht nachvollziehen, warum Ihr Mitarbeiter die Angelegenheit anscheinend nicht ernst genug genommen hat. Sie fragen sich, ob er die Prioritäten falsch gesetzt, womöglich den erteilten Auftrag schlichtweg vergessen oder sich inhaltlich nicht genügend in die Materie eingearbeitet hat. Wieso konnte es zu einem Verzug kommen, obwohl Ihrem Mitarbeiter der hohe Stellenwert der langjährigen Kundenbeziehung bewusst war? Aus Ihrer Sicht war Ihr Mitarbeiter durchaus in der Lage, das Angebot termingerecht zu erstellen. Sie hätten zumindest erwartet, dass er Sie im Vorfeld informiert und einbindet, falls sich eine Verzögerung ergibt.

Sie wollen deshalb in einem persönlichen Gespräch deutlich machen, dass Sie sein Verhalten nicht akzeptieren können und ihn zur Rechenschaft ziehen. Sie hoffen, dass sich das Ganze noch bereinigen lässt und Sie ihn dazu bewegen können, seinen Fehler zu erkennen und mit dem Kunden schnellstmöglich in Verbindung zu treten. Sie erwarten von ihm, dass er sich einsichtig zeigt, sein Fehlverhalten „ohne wenn und aber" eingesteht und alles in seiner Macht Stehende unternimmt, um den Kunden zu besänftigen. Sie setzen voraus, dass er sich mit einem gebührenden zusätzlichen Einsatz darum bemüht, das Missgeschick zeitnah zu bereinigen – auch wenn Überstunden erforderlich sind. Sie wollen ihm darüber hinaus verdeutlichen, dass Sie eine weitere Kundenkritik oder gar einen Wiederholungsfall keineswegs tolerieren.

Welche Verhaltensmöglichkeiten bestehen für Sie?

Wenn Sie ein Kritikgespräch führen, ist es wesentlich, zeitnah und mit unmittelbarem Bezug zu dem jeweiligen Anlass zu handeln. Die Kritik sollte jedoch auf das Verhalten des Mitarbeiters bezogen werden – und nicht auf seine Person an sich. Stellen Sie im Gespräch sachlich heraus, welche Anforderungen aus Ihrer Sicht nicht erfüllt wurden. Machen Sie dies an Beispielen deutlich, am besten mit Bezug zu den Erwartungen des Kunden und den getroffenen Vereinbarungen.

Führen Sie das Gespräch fair, vertrauensvoll und mit Respekt. Bedenken Sie, dass Ihre eigene Wahrnehmung trügen kann. Es mag sein, dass Sie sich ziemlich aufgeregt haben und überhaupt nicht verstehen können, warum Ihr Mitarbeiter die Absprachen nicht eingehalten hat. Bedenken Sie jedoch: Bevor Sie Kritik üben, gilt es, die Sicht des Mitarbeiters zu hören. Möglicherweise stellt sich die Begebenheit anders da, wenn Sie seine Position kennengelernt haben. Insofern sollten Sie eine Vorverurteilung vermeiden und zunächst den Vorgang genauer hinterfragen.

Dies setzt voraus, dass Sie gelassen bleiben und den Sachverhalt ohne vorschnelle Wertung aus Ihrer Sicht schildern:

- Was hat der Kunde bemängelt? Inwiefern ist beim Kunden eine Irritation entstanden?

- Wie konnte es dazu kommen, dass das Angebot nicht fristgerecht vorlag?

- Welche Gründe führt der Mitarbeiter an, die zu einem Verzug geführt haben?

Bitten Sie Ihren Mitarbeiter darum, in Ruhe darzulegen, was sich in den letzten Wochen gemäß seiner Sicht ereignet hat. Lassen Sie ihn schildern, welche Arbeiten er genau erledigt hat und was er getan hat, um das Angebot für den Kunden zu erarbeiten. Stellen Sie dazu offene Fragen, die es Ihrem Mitarbeiter ermöglichen, den Sachverhalt präzise zu schildern. Beispiele lauten:

- Wann haben Sie begonnen, das Angebot zu entwickeln?

- Welche einzelnen Schritte bei der Angebotserstellung haben Sie erledigt?

- Was haben Sie mit dem Kunden nach unserem Gespräch besprochen?

- Inwiefern gab es Schwierigkeiten bei der Angebotsentwicklung, die den Verzug erklären können?

Hören Sie auch die Sicht des Mitarbeiters dazu, warum er mit Ihnen zwischenzeitlich keinen Kontakt aufgenommen hat. Es wäre nach Ihrer Auffassung möglich gewesen, den Kunden vor dem Abgabetermin noch zu informieren, dass sich das Angebot etwas verzögern kann. Dafür hätte der Kunde bestimmt Verständnis gehabt.

Nun hängt es entscheidend davon ab, welche Argumente Ihr Mitarbeiter zur Begründung seines Verhaltens nennt. Grundsätzlich gibt es zwei Möglichkeiten:

1. Ihr Mitarbeiter führt neue Aspekte an, die sein Vorgehen und den Verzug bei der Angebotserstellung verständlich machen. Beispiele hierfür lauten:

- Die Angebotskomplexität war höher als vermutet und Ihr Mitarbeiter hatte dem Kunden durchaus bereits im

Vorfeld telefonisch erläutert, dass es deshalb zu einem Terminverzug kommen kann. Dieser Vorgang war Ihnen als Chef aber nicht bekannt. Auch der Kunde hatte diesen expliziten Hinweis des Mitarbeiters nicht erwähnt. Unter Umständen hatte er auch überhört, dass der Mitarbeiter ausdrücklich auf eine eventuell verlängerte Bearbeitungszeit hingewiesen hat.

• Ihr Mitarbeiter hat das Angebot bereits abgeschickt; es ist aber anscheinend noch nicht beim Kunden angekommen.

• Der Kunde hatte Zusatzwünsche kurz vor Abgabefrist geäußert, sodass das Angebot überarbeitet werden musste.

In einem solchen Fall wird sich Ihr Kritikgespräch am besten darauf konzentrieren, dass Ihr Mitarbeiter hierzu mit Ihnen hätte Rücksprache halten sollen. Unter Umständen entfällt aber auch der Anlass für ein Kritikgespräch, da Ihr Mitarbeiter durchaus nachvollziehbar und den Umständen gerecht gehandelt hat. Möglicherweise hat der Kunde Ihnen „nur die halbe Wahrheit" gesagt – auch dies ist zu bedenken und spricht dafür, keinesfalls den Mitarbeiter verfrüht zu kritisieren.

2. Ihr Mitarbeiter hat einen Fehler gemacht, der im Gespräch zweifelsfrei sichtbar wird. Beispiele hierfür lauten:

• Der Mitarbeiter hat den Abgabetermin versäumt oder er hat die Dringlichkeit nicht erkannt.

• Möglicherweise hat er sich verzettelt und bedingt durch andere anfallende Arbeiten den Überblick verloren.

In diesem Falle sind Sie gefordert, sich auch selbst zu hinterfragen: Tragen Sie womöglich eine Mitverantwortung für die aufgetretene Kundenreklamation? Haben Sie Ihrem Mitarbeiter zu viel zugemutet? War es ein Versäumnis von

Ihnen, im Gespräch bei der Aufgabenübertragung den hohen Stellenwert einer fristgerechten Erledigung nicht genügend herauszustellen?

Bedenken Sie, dass ein Kritikgespräch vor allem dazu genutzt werden sollte, künftige Fehler zu vermeiden. Gestalten Sie den Mitarbeiterdialog deshalb auch als Lernchance:

- Was kann getan werden, damit in Zukunft in vergleichbaren Fällen eine reibungslose Angebotserstellung erfolgt?

- Wie vermitteln Sie Ihrem Mitarbeiter einfühlsam, dass er die Prioritäten künftig konsequenter setzt und bei drohendem Verzug bereits im Vorfeld mit Ihnen Kontakt aufnimmt, um frühzeitig gegenzusteuern?

Verdeutlichen Sie im Kritikgespräch, dass die Kundenerwartungen maßgebend sind und selbst dann, wenn der Kunde eine Mitverantwortung für eine Verzögerung trägt, alles getan werden muss, um ihn zufriedenzustellen.

Was sollten Sie besser vermeiden?

> Wenn Sie ein Kritikgespräch führen, kommt es darauf an, dass Sie unberechtigte Attacken unterlassen und keineswegs persönliche Verletzungen hervorrufen.

Beziehen Sie sich stets auf das Verhalten und die Arbeitsergebnisse mit Bezug zu den Anforderungen des Kunden. Vermeiden Sie brüske Angriffe, emotionale Ausbrüche oder herabwürdigende Äußerungen jeglicher Art. Gehen Sie davon aus, dass jedem ein Fehler unterlaufen kann und dass

Ihr Mitarbeiter auch von seiner Seite ein Interesse daran hat, dass alles nach Plan läuft.

Unterstellen Sie Ihrem Mitarbeiter nicht, dass er fahrlässig gehandelt oder Absprachen einfach ignoriert hat. Versetzen Sie sich so gut wie möglich in seine Lage: Was macht es verständlich, dass ihr Mitarbeiter aus seinem Blickwinkel auf eine bestimmte Art und Weise vorgegangen ist?

Stellen Sie heraus, dass Sie auf eine weiterhin vertrauensvolle Zusammenarbeit setzen – auch wenn ihm womöglich ein Fehler unterlaufen ist. Bieten Sie ihm Hilfestellung und Unterstützung an, um einen Wiederholungsfall zu vermeiden:

- Inwiefern ist eventuell eine zusätzliche Sensibilisierung oder Qualifizierung des Mitarbeiters nötig? Welche Hintergrundinformationen benötigt er, um die Kundenerwartungen besser zu verstehen?

- Ist eventuell auch die Kommunikation im Team noch verbesserungsfähig, damit in der kollegialen Zusammenarbeit, z. B. mit dem Außendienst, Angebote künftig schneller und passgenauer erstellt werden?

- Welche Tipps können Sie ihm geben, um sich noch besser zu organisieren und künftig ein Angebot präziser auf die Kundenbedürfnisse abzustimmen?

Richten Sie Ihre Aufmerksamkeit nicht vorrangig auf den geschehenen Fehler, sondern zeigen Sie Perspektiven auf: Welche positiven Auswirkungen treten ein, wenn in einer künftig ähnlichen Situation professioneller und kundenorientierter gehandelt wird? Zeigen Sie Ihrem Mitarbeiter auf, inwiefern er selbst davon profitiert, wenn er beispielsweise durch engeren Dialog mit dem Kunden ein Angebot noch kundenspezifischer gestaltet. Machen Sie ihm deutlich, dass er in diesem Falle mit vermehrt wohlwollenden Kundenreaktionen, z. B. Anerkennung und persönlicher Wertschätzung, rechnen kann. Dies beinhaltet auch positive wirtschaftliche Konsequenzen, z. B. mehr Geschäftsabschlüsse, eine höhere Kundenloyalität und eine bessere finanzielle Lage des Unternehmens, die auch zu seinem eigenen Vorteil gereicht.

Auf den Punkt gebracht

1. Führen Sie ein Kritikgespräch anlassbezogen und mit unmittelbarem Bezug zu dem Verhalten des Mitarbeiters und den jeweiligen Arbeitsergebnissen. Argumentieren Sie anhand objektiver, messbarer Sachverhalte, die eine zu übende Kritik auch für Ihren Mitarbeiter nachvollziehbar machen.

2. Hören Sie zunächst die Sicht des Mitarbeiters. Womöglich stellt sich der Sachverhalt aus seinem Blickwinkel anders dar, sodass Sie ihre eigene Wahrnehmung korrigieren müssen. Überdenken Sie, inwiefern Sie selbst eine Mitverantwortung tragen. Fragen Sie sich als Führungskraft, ob Sie Ihrem Mitarbeiter zu viel zugemutet oder ihn nicht genügend bei der Delegation begleitet und „gecoacht" haben.

3. Bewahren Sie stets einen sachlichen, ruhigen Ton. Nutzen Sie das Kritikgespräch, um den Blick in die Zukunft zu richten. Verstehen Sie ein Kritikgespräch vorrangig als Lernchance für Ihren Mitarbeiter. Bieten Sie Beratung, Unterstützung und bei Bedarf auch Qualifizierung an, damit Ihr Mitarbeiter künftig in vergleichbaren Situationen kompetenter handelt.

Sie beobachten einen Leistungsabfall bei einem Teammitglied

Situationsbeschreibung

Die Leistungen eines Mitarbeiters haben über einen längeren Zeitraum hinweg deutlich nachgelassen. Er spürt dies wohl auch selbst und wirkt auf Sie innerlich angespannt. Seine Arbeitsmotivation scheint stark gesunken. Sie führen ein Gespräch mit ihm, um mehr über die Gründe zu erfahren. Gerne würden Sie ihn dafür gewinnen, sich künftig stärker zu engagieren.

Wie schätzen Sie die Situation als Führungskraft ein?

In der Vergangenheit hat Ihr Mitarbeiter durchweg gute Leistungen gezeigt. Seit einigen Wochen nehmen Sie jedoch eine Veränderung wahr, über deren Gründe Sie sich noch nicht im Klaren sind. Es sind viele Kleinigkeiten, die Ihnen andeuten, dass etwas nicht stimmt: Ihr Mitarbeiter kommt gelegentlich später als gewohnt, ergreift von sich aus seltener die Initiative und wirkt in sich zurückgezogen. Während er früher spontan neue Arbeitsaufträge initiativ übernommen hat, müssen Sie ihn in letzter Zeit wiederholt gezielt ansprechen, damit er neue Aufgaben übernimmt.

Er macht zwar seinen Job alles in allem gut, zeigt aber darüber hinaus kaum eine Neigung, mehr als das Geforderte zu leisten. Auch im Team beobachten die Kollegen, dass er sich eher zurückzieht und kaum noch auf andere spontan zugeht. Er wirkt zurückhaltend und beteiligt sich an Team- und Projektarbeiten nur verhalten.

Sie können ihm zwar nichts Wesentliches vorwerfen. Dennoch würden Sie sich mehr Eigeninitiative und ein höheres Maß an Verantwortungsbereitschaft wünschen. Offensichtlich hat sich an seiner Arbeitseinstellung und seiner Identifikation mit dem Job etwas verändert. Die Ursachen hierfür wollen Sie gerne in Erfahrung bringen. Ihnen gehen verschiedene Gedanken durch den Kopf:

• Hat der Mitarbeiter private oder persönliche Probleme, die auf seine Arbeitsmotivation und sein Engagement am Arbeitsplatz ausstrahlen? Spielen gesundheitliche Gründe eine Rolle, z. B. eine Ihnen nicht bekannte Erkrankung, eventuell mit psychischen Anteilen?

• Ist der Mitarbeiter mit den übertragenen Aufgaben nicht mehr zufrieden? Fühlt er sich über- oder unterfordert? Wünscht er sich neue Herausforderungen?

• Gibt es Unstimmigkeiten im Team oder Spannungen mit einzelnen Kollegen, die sein Verhalten erklären könnten?

• Hat er die Absicht, sich beruflich zu verändern und ist mit seinen Gedanken schon an einem anderen Arbeitsplatz?

• Ist er mit Ihnen und Ihrem Führungsverhalten unzufrieden und fühlt sich beispielsweise nicht genügend beachtet oder anerkannt?

Es können auch mehrere Faktoren zusammenwirken, sodass Sie sich in einem vertieften Gespräch ein näheres Bild machen wollen. Sie möchten frühzeitig gegensteuern, damit sich die angespannte Situation nicht verschärft. Womöglich ist sogar ein weiterer Leistungsabfall zu befürchten. Ihnen ist bewusst, dass Sie und Ihr Team auf das volle Engagement und den aktiven Leistungsbeitrag Ihres Mitarbeiters angewiesen sind. Seine fachliche Kompetenz in seinem angestammten Aufgabengebiet steht außer Zweifel. Sowohl die Zusammenarbeit im Team als auch die Kundenzufriedenheit leiden jedoch darunter, wenn die Situation nicht zeitnah geklärt wird. Am liebsten wäre es Ihnen, wenn Sie Ihrem Mitarbeiter durch geeignete Maßnahmen zur Seite stehen können, damit er wieder an früher gezeigte Leistungen anknüpft. Gerne möchten Sie im Rahmen Ihrer Möglichkeiten Hemmnisse und Barrieren im Arbeitsumfeld beseitigen, um eine positive Entwicklung zu bewirken.

Welche Verhaltensmöglichkeiten bestehen für Sie?

Ein ausführliches Gespräch unter vier Augen außerhalb des Tagesgeschäftes kann ein Einstieg sein, um gemeinsam mit Ihrem Mitarbeiter über seine Arbeitszufriedenheit und seine Tätigkeitsschwerpunkte zu sprechen. Ihr Ziel besteht vor allem darin, zunächst mehr über die Gründe für die von Ihnen wahrgenommene Veränderung in seinem Verhalten zu erfahren.

Zunächst ist zu klären, ob der Mitarbeiter bereit ist, mit Ihnen ein solches Gespräch zu führen. Sie können ihn auf jeden Fall darum bitten, mit Ihnen über den Stand der Erledigung einzelner Aufgaben zu sprechen. In diesem Zusammenhang bietet es sich an, mit ihm zu erörtern, wie er die

Situation am Arbeitsplatz derzeit erlebt und ob er aus seiner Sicht mit seinen Tätigkeitsschwerpunkten zufrieden ist. Sie können ihn auch dazu befragen, wie er die Kommunikation im Team wahrnimmt und wie er die Zusammenarbeit mit den Kollegen bewertet. Vielleicht spricht Ihr Mitarbeiter von seiner Seite spontan im Laufe des Gesprächs an, dass etwas nicht rund läuft oder dass es bestimmte Umstände am Arbeitsplatz gibt, die seinen Vorstellungen nicht entsprechen.

Sie können zunächst vorsichtige Fragen stellen, um Näheres über die Einschätzungen Ihres Mitarbeiters zu erfahren. Möglicherweise spricht Ihr Mitarbeiter Sie darauf an, warum Sie überhaupt mit ihm reden möchten. Ich empfehle Ihnen, mit offenen Karten zu spielen und im Gespräch möglichst bald darauf zu sprechen zu kommen, welchen Eindruck Sie derzeit von seinen Leistungen haben und was Sie im Einzelnen beobachtet haben – am besten verdeutlicht an anschaulichen Beispielen aus den letzten Wochen. Dies macht Ihrem Mitarbeiter auch verständlich, warum Sie an einem vertieften Gedankenaustausch interessiert sind.

Vermeiden Sie dabei jedoch, ihn anzugreifen, ihn in die Enge zu treiben oder ihn vorschnell für einzelne Auffälligkeiten verantwortlich zu machen. Dies könnte dazu führen, dass er sich in die Defensive gedrängt fühlt. Im ungünstigen Fall führt dies zu einer Gesprächsblockade. Sprechen Sie sachlich an, welche Veränderungen Sie gegenüber früher erleben und welche Wahrnehmungen Sie von Ihrer Seite gesammelt haben. Nehmen Sie unmittelbar auf sein Verhalten, die Zusammenarbeit im Team, die Arbeitsergebnisse und Kundenrückmeldungen Bezug, ohne jedoch Bewertungen vorzunehmen, die von Ihrem Gegenüber als Angriff oder persönliche Kritik erlebt werden können. Sagen Sie beispielsweise: „In letzter Zeit habe ich von Kunden folgende Rückmeldungen erhalten …“, „In unserer kürzlichen Teamsitzung hatte ich den Eindruck, dass …“ oder „Bei Ihrem Projektbericht ist mir folgendes aufgefallen …“

Stellen Sie heraus, dass beispielsweise bestimmte Verhaltensweisen oder Arbeitsbeiträge Ihres Mitarbeiters nicht wie gewohnt ausgefallen sind. Schildern Sie objektive Fakten und zweifelsfreie Beobachtungen, von denen Sie annehmen, dass auch Ihr Mitarbeiter etwas bemerkt haben dürfte.

Signalisieren Sie, dass Sie ihn gerne unterstützen und ihm zur Seite stehen möchten, was auch immer die Gründe für die beobachteten Veränderungen sind. Verdeutlichen Sie, dass Sie ihn als Mitarbeiter sehr schätzen und die Zusammenarbeit bisher als fruchtbar erlebt haben. Machen Sie aber auch deutlich, dass Sie sich Veränderungen in seinem Verhalten wünschen und Handlungsbedarf erkennen, da insbesondere die Rückmeldungen von Kunden ernst zu nehmen sind.

Sprechen Sie ihn darauf an, ob es eventuell auch Faktoren außerhalb des Arbeitsumfeldes geben könnte, die in diesem Zusammenhang eine Rolle spielen. Verdeutlichen Sie, dass Sie gerne als Ansprechpartner zur Verfügung stehen, falls er mit Ihnen über Themen reden möchte, die nicht direkt mit dem Job in Verbindung stehen. Vielleicht öffnet er sich von sich aus, um mit Ihnen über besondere Belastungen zu sprechen, mit denen er sich derzeit beispielsweise im persönlichen oder familiären Umfeld konfrontiert sieht.

Stellen Sie sich darauf ein, dass ein erster Gedankenaustausch nur ein Einstieg in einen vertieften Dialog sein kann. Wahrscheinlich sind weitere Gespräche sinnvoll und nötig, um in einer fortlaufenden Begleitung Ihren Mitarbeiter dabei zu unterstützen, wieder an frühere Leistungen anzuknüpfen. Unter Umständen erhalten Sie im Laufe der Gespräche erst nach und nach nähere Informationen von seiner Seite, die für Sie besser nachvollziehbar machen, warum sich in letzter Zeit eine Veränderung in seiner Arbeitseinstellung entwickelt hat. Möglicherweise befürchtet er, dass Sie vorwurfsvoll oder abweisend reagieren oder dass es unangenehme Konsequenzen für ihn hat, wenn er sich Ihnen gegenüber öffnet.

Verdeutlichen Sie ihm verständnisvoll, was Sie für ihn tun können, ohne jedoch vorschnell Empfehlungen auszusprechen, Ratschläge zu geben oder ihn womöglich von Ihrer Seite in eine bestimmte Richtung zu lenken. Je nachdem, welche Informationen Ihnen Ihr Mitarbeiter preisgibt, empfiehlt es sich, in Ruhe darüber nachzudenken und gegebenenfalls erst in einem Folgegespräch weitere Überlegungen gemeinsam mit ihm anzustellen. Falls Sie unerwartet mit sensiblen Informationen konfrontiert werden, sollten Sie dies besser erst auf sich wirken lassen, sofern kein dringender Handlungsbedarf besteht.

Falls sich eine tieferliegende Blockade andeutet, z. B. bedingt durch persönliche, familiäre oder psychische Probleme Ihres Mitarbeiters, kann es zweckmäßig sein, dass Sie selbst ergänzend den Rat eines kompetenten Experten einholen, um sich fachkundig beraten zu lassen und das weitere Vorgehen gemeinsam mit ihm abzustimmen. Dies hängt vom Einzelfall ab. Im Zweifelsfall sollten Sie sich bei einem Sachverständigen kundig machen, ob bestimmte Verhaltensmuster Ihres Mitarbeiters auch Gründe haben können, die im ersten Augenschein für Sie nicht offensichtlich sind – etwa als Ergebnis einer psychischen Problematik oder einer besonderen Belastung im außerberuflichen Umfeld.

Versuchen Sie einzuschätzen, ob Ihr Mitarbeiter weitere Unterstützung benötigt, ob er den gestellten Anforderungen gewachsen ist und ob durch Ihre Beratung und Begleitung eine schrittweise Verhaltensänderung herbeigeführt werden kann. Sofern ein konkretes Fehlverhalten im beruflichen Umfeld vorliegt, sollten Sie dies aufzeigen und Ihren Mitarbeiter darum bitten, sich einsichtig zu zeigen und sein Verhalten künftig zu ändern. Dies hat jedoch eine andere Qualität als eine verborgene persönliche oder psychische Problematik, die der Mitarbeiter möglicherweise nur begrenzt selbst steuern kann und deshalb professionelle Hilfe benötigt.

Was sollten Sie besser vermeiden?

Setzen Sie Ihren Mitarbeiter nicht unter Druck, beispielsweise indem Sie ihn dazu zwingen, persönliche Informationen preiszugeben, die er nicht von seiner Seite offen ansprechen möchte.

Vermeiden Sie es, nachzubohren und ihn durch Fragen beispielsweise nach familiären oder gesundheitlichen Aspekten in die Enge zu treiben. Bieten Sie ihm stattdessen an, dass Sie gerne auch als Gesprächspartner für außerberufliche Fragen zur Verfügung stehen. Vielleicht möchte Ihr Mitarbeiter Ihnen bestimmte Informationen nicht auf Anhieb mitteilen. Bieten Sie ihm an, gerne für weitere Gespräche zur Verfügung zu stehen, beispielsweise nach der Arbeitszeit oder in einem informellen Kontext.

Geben Sie Ihrem Mitarbeiter genügend Zeit nachzudenken. Vielleicht war ihm gar nicht bewusst, dass er derzeit die Anforderungen nicht vollständig erfüllt. Unter Umständen will er auch noch überlegen, ob er Ihnen bestimmte Informationen anvertraut, die das außerberufliche Umfeld betreffen. Womöglich muss der Mitarbeiter noch mehr Vertrauen zu Ihnen entwickeln, bevor er Ihnen sensible Sachverhalte, beispielsweise aus seinem persönlichen oder privaten Umfeld, mitteilt.

Erwarten Sie nicht, dass Ihr Mitarbeiter sein Verhalten von heute auf morgen verändert, nachdem Sie mit ihm gesprochen haben. Verstehen Sie das Gespräch eher als Sensibilisierung dafür, dass Ihnen etwas aufgefallen ist und dass Sie mit Ihrem Mitarbeiter gemeinsam auf eine konstruktive Veränderung hinwirken wollen.

Vermeiden Sie unbedachte Ratschläge, spontane Vorgaben oder gar autoritäre Anweisungen, die einer vertieften Problembetrachtung nicht gerecht werden. Stellen Sie sich auf einen längeren, schrittweisen Dialog mit Ihrem Mitarbeiter ein. Möglicherweise ergeben sich neue Erkenntnisse zu konstruktiven Verhaltensansätzen erst nach und nach in einzelnen Gesprächen, die Sie im Laufe der Wochen mit ihm führen. Konzentrieren Sie sich vor allem auf aktives Zuhören, Einfühlung in die Lage des Mitarbeiters und eine genaue Situationsanalyse.

Bevor Sie zielgerichtet handeln können, sollten Sie zunächst verstehen, welche Gründe für die prekäre Situation und die beobachteten Veränderungen im Verhalten Ihres Mitarbeiters maßgebend sind. Dies dauert wahrscheinlich länger, als Sie zunächst vermuten. Diese Zeit ist jedoch gut investiert, da Sie sich erst ein genaues Bild der Lage machen müssen. Verschärfen Sie die Situation nicht durch unbedachte Schnellschüsse, bei denen Sie aufgebautes Vertrauen und ein gutes Einvernehmen mit Ihrem Mitarbeiter gefährden. Bedenken Sie, dass Ihr Mitarbeiter in der Vergangenheit stets gute Leistungen gezeigt hat und für Sie als berechenbarer, zuverlässiger und engagierter Kollege im Team in Erscheinung getreten ist. Lassen Sie ihn nicht einfach fallen. Vermeiden Sie eine Vorverurteilung, insbesondere dann, wenn Sie letztlich noch nicht genau wissen, worauf die beobachteten Veränderungen in seinem Verhalten zurückzuführen sind.

Auf den Punkt gebracht

1. Sorgen Sie durch ein vertrauensvoll geführtes Gespräch für eine Basis, damit Ihr Mitarbeiter sich Ihnen nach und nach öffnet. Je mehr der Mitarbeiter Ihnen von sich aus anvertraut, welche Gründe für die nachlassenden Leistungen maßgeblich sind, umso besser.

2. Machen Sie sich ein genaues Bild, welche Ursachen dafür verantwortlich sind, dass Ihr Mitarbeiter derzeit nicht die an ihn gestellten Erwartungen erfüllt. Lassen Sie sich gegebenenfalls selbst durch Experten beraten, wenn Sie den Eindruck gewinnen, dass gesundheitliche oder psychische Faktoren eine Rolle spielen, um das Verhalten Ihres Mitarbeiters zu verstehen.

3. Prüfen Sie, ob durch mehrere Gespräche ein vertiefter Prozess eingeleitet werden kann, bei dem Sie Ihrem Mitarbeiter wirkungsvoll bei der Problembewältigung zur Seite stehen. Dies gilt beispielsweise für Situationen, in denen er sich über- oder unterfordert fühlt oder in denen ein „Mismatch" zwischen Anforderungen und persönlichen Leistungsmöglichkeiten eine grundsätzliche Veränderung des Aufgabenumfeldes zweckmäßig erscheinen lässt.

Ein Mitarbeiter fühlt sich überlastet

Situationsbeschreibung

Ein Mitarbeiter bittet Sie um ein persönliches Gespräch, da er sich überlastet fühlt. Er schildert Ihnen als Begründung spontan seinen Eindruck, dass er derzeit zu viel Arbeit zu bewältigen hat, viele Überstunden leistet und außerdem gelegentlich noch einzelne Kollegen vertreten muss. Nach seiner Auffassung geben die Kollegen zudem noch unterschiedliche Arbeitsaufträge, die sie eigentlich selbst zu erledigen hätten, indirekt an ihn weiter. Anscheinend haben die Kollegen im Team ebenfalls viel auf dem Tisch und sind der Auffassung, dass er vielleicht noch freie Kapazitäten habe.

Wie schätzen Sie die Situation als Führungskraft ein?

Es liegt nahe, zunächst die aktuelle Arbeitssituation, in der sich Ihr Mitarbeiter befindet, einer näheren Betrachtung zu unterziehen. Gehen wir davon aus, dass Sie mit ihm vor geraumer Zeit Aufgabenschwerpunkte vereinbart und die Prioritäten anhand von Zielen präzisiert haben. Ihr Mitarbeiter ist nach Ihrer Einschätzung gemäß seinen Stärken, Fähigkeiten und Erfahrungen angemessen eingesetzt. Dennoch kann er aufgrund des temporär erhöhten Arbeitsaufkommens in den letzten Wochen durchaus in stärkerem Maße beansprucht sein.

Die von Ihrem Mitarbeiter wahrgenommene hohe Belastung kann einerseits Ausdruck von objektiv verstärkten Leistungsanforderungen sein, die durch den Druck des Tagesgeschäftes entstehen. Andererseits besteht die Möglichkeit, dass Ihr Mitarbeiter aufgrund noch zu klärender Umstände subjektiv den Eindruck hat, den Anforderungen gegenwärtig nicht gewachsen zu sein. Zu prüfen ist, welche besonderen Bedingungen gegebenenfalls am Arbeitsplatz als belastend erlebt werden und ob anderweitige Einflüsse, z. B. Stressfaktoren im außerberuflichen Umfeld, ebenfalls eine wichtige Rolle spielen.

Darüber hinaus sehen Sie es als klärungsbedürftig an, die Kommunikation und Kooperation im Team genauer zu betrachten: Inwiefern entsteht bei ihm der Eindruck, dass bestimmte Arbeiten an ihn weitergegeben werden, die eigentlich nicht in sein Aufgabenfeld fallen? Dazu möchten Sie auch die unmittelbar beteiligten Kollegen hören, um herauszufinden, wie sich die Arbeitsteilung im Team gestaltet und ob es eventuell Spannungen im Miteinander gibt.

Ihre Zielsetzung besteht darin, sowohl Ihrem Mitarbeiter zur Seite zu stehen, um die von ihm wahrgenommene Belastungssituation zu entschärfen, als auch im Team nach Ansatzpunkten zu suchen, um das reibungslose Zusammenspiel bei der Bearbeitung von Kundenanliegen weiter zu optimieren.

Sie sehen sich selbst nicht als „trouble-shooter", der eine Lösung unmittelbar vorgibt, sondern vorrangig als Unterstützer, Begleiter und Coach Ihrer Mitarbeiter, um das effektive Teamwork zu fördern. Ihr gestresster Mitarbeiter sollte den Eindruck gewinnen, dass Sie ihn wirksam dabei unterstützen, mit der angespannten Situation künftig besser zurechtzukommen – sei es durch individuelle Beratung und Förderung, Entschärfung von vermeidbarer Arbeitsbelastung oder durch Impulse zu einer verbesserten Zusammenarbeit im Team. Sie möchten zugleich seinen eigenen inneren Ressourcen stärken, mit Stressmomenten am Arbeitsplatz gelassener umzugehen und diese dadurch weitgehend eigenständig zu entschärfen, z. B. durch gezielte Stressprophylaxe.

Welche Verhaltensmöglichkeiten bestehen für Sie?

Suchen Sie zeitnah das Gespräch mit Ihrem Mitarbeiter. Reservieren Sie hierfür ausreichend Zeit und halten Sie sich von Termindruck im Anschluss frei. Sorgen Sie für eine ungestörte, ruhige Gesprächsatmosphäre. Bitten Sie Ihren Mitarbeiter um eine Schilderung der Ist-Situation. Lassen Sie sich aus seiner Sicht näher erläutern, welche Belastungsfaktoren derzeit sein Arbeitsumfeld prägen. Fordern Sie ihn auf, näher zu beschreiben, was sich in den letzten Wochen gemäß seiner Wahrnehmungen verändert hat und welche Gründe hierfür maßgeblich sind. Hören Sie aktiv zu und vermeiden Sie vorschnelle Bewertungen, Lösungsvorschläge oder Ratschläge. Verzichten Sie darauf, die Einschätzungen Ihres Mitarbeiters in Frage zu stellen oder sie gar zu bagatellisieren.

Verstehen Sie das Gespräch zugleich als Frühwarn-Indikator: Wenn Ihr Mitarbeiter mit seiner Arbeitssituation unzufrieden ist und sich anhaltend überfordert fühlt, kann dies verschiedenartige Konsequenzen nach sich ziehen, die Sie nicht außer Acht lassen sollten: innere Demotivation, Fehler bei der Aufgabenerledigung, möglicherweise auch gesundheitliche Probleme und Ausfallzeiten. Seine angespannte Verfassung strahlt womöglich auf das gesamte Team aus und führt dazu, dass die Arbeitszufriedenheit seiner Kollegen ebenfalls in Mitleidenschaft gezogen wird. Wenn Ihr Mitarbeiter fortgesetzt frustriert wirkt, belastet dies die Teamatmosphäre und behindert die einvernehmliche, reibungslose Aufgabenerledigung.

Insofern steht für Sie einiges auf dem Spiel. Nehmen Sie die Situation ernst und kümmern Sie sich darum, dass Ihr Mitarbeiter wieder Fuß fasst. Schieben Sie nichts auf die lange Bank. Keinesfalls sollten Sie die Äußerungen Ihres Mitarbeiters ignorieren oder auf die leichte Schulter nehmen. Analysieren Sie die von ihm angeführten Belastungsfaktoren im Einzelnen. Fragen Sie Ihren Mitarbeiter vor allem danach, welche Vorschläge er selbst hat, um die von ihm als angespannt eingeschätzte Situation zu entschärfen. Besprechen Sie mit ihm Lösungsansätze, die er bevorzugt sogar selbst einleiten oder zumindest mit unterstützen kann. Denken Sie darüber nach, wie Sie ihn dabei coachen, beraten oder auch qualifizieren können, um mit den gestellten Anforderungen besser zurecht zu kommen. Stärken Sie seinen „inneren Schutzschild" zur Belastungsbewältigung und räumen Sie im Rahmen Ihrer Möglichkeiten Barrieren aus dem Weg, damit Ihr Mitarbeiter wieder ausgeglichener und souveräner an seine Aufgaben herangeht.

Denken Sie gemeinsam mit ihm darüber nach, ob seine Arbeit wirkungsvoll umorganisiert werden kann und ob beispielsweise zusätzliche, regenerative Arbeitspausen oder eine Veränderung des Arbeitsrhythmus hilfreich sein können. Ist es sinnvoll, sein Tätigkeitsprofil, den Aufgabenzuschnitt und seine fachliche Verantwortung umzugestalten, um ihn spürbar zu entlasten? Nehmen Sie gleichermaßen die Schnittstellen sowohl innerhalb als auch außerhalb des Teams in den Blick – etwa hin zu Nachbarabteilungen, internen und externen Kunden oder angrenzenden Bereichen in der Prozesskette. Bei Bedarf bietet es sich an, hierzu einen neutralen Spezialisten für Ablaufanalyse und Organisationsberatung in Ihrem Hause einzubeziehen.

Vermeiden Sie provisorische ad-hoc Lösungen, die möglicherweise nur die Symptome kurieren, aber nicht die tieferen Gründe für die Stresswahrnehmungen Ihres Mitarbeiters beseitigen. Besprechen Sie mit ihm, wie gegebenenfalls das gesamte Team in die Lösungsfindung einzubeziehen ist. Sofern bei Ihrem Mitarbeiter psychische Belastungsfaktoren eine Rolle spielen – eventuell auch verursacht durch Ihnen nicht näher bekannte Stressoren im privaten, außerberuflichen Umfeld – stoßen Sie möglicherweise mit arbeitsplatzbezogenen Lösungsansätzen an Grenzen.

Wenn Sie beispielsweise tieferliegende persönliche Probleme oder eine verborgene gesundheitliche Problematik vermuten, holen Sie sich am besten Rat von kompetenten Dritten ein. Suchen Sie mit Bedacht nach geeigneten Wegen, um Ihren Mitarbeiter in einer prekären, krisenhaften Lage zu schützen. Erster Ansprechpartner hierfür ist neben Ihrem eigenen Vorgesetzten der Personalbereich Ihres Hauses, um ein sinnvolles Vorgehen im Einzelfall zu erarbeiten. Vermeiden Sie es, womöglich selbst als „Therapeut" zu agieren. Verstehen Sie Ihre Rolle vor allem als diejenige eines begleitenden Unterstützers, um Ihrem Mitarbeiter zur Seite zu stehen, damit er die als angespannt erlebte Belastungssituation in seinem Tätigkeitsumfeld selbst wieder in den Griff bekommt.

Was sollten Sie besser vermeiden?

Vermeiden Sie es, überhastet auf allenfalls kurzfristig wirkende Maßnahmen hinzuwirken oder gar die Einschätzungen des Mitarbeiters in Frage zu stellen.

Ungünstig wären Äußerungen wie: „Das schaffen Sie schon." „Das löst sich bestimmt bald wieder von selbst." „Nur nicht unnötig aufregen." „Sie sollten das entspannt sehen." „Andere kommen damit doch auch klar." Verzichten Sie auf Schuldzuweisungen und machen Sie nicht einseitig den Mitarbeiter für die missliche Lage verantwortlich.

Vielleicht haben Sie auch selbst einen Fehler gemacht, indem Sie die Latte zu hoch gehängt und dadurch riskiert haben, dass Einzelne in Ihrem Team den Anforderungen derzeit nicht gewachsen sind. Insofern ist es zweckmäßig, die Sicht sämtlicher Teammitglieder zur derzeitig wahrgenommenen Arbeitsbelastung zu hören. Berücksichtigen Sie, dass noch verborgene Konflikte, persönliche Empfindlichkeiten, Misstöne in der Kommunikation untereinander oder eine unausgewogene Aufgabenverteilung in Ihrer Abteilung eine Rolle spielen können.

Insofern sollte das unmittelbare Gespräch mit Ihrem Mitarbeiter vorrangig ein Einstieg in eine vertiefte Problemanalyse mit allen Beteiligten im Team sein. Sehen Sie den Gedankenaustausch mit ihm als Ausgangspunkt für eine wohl überlegte Schrittfolge von weiterführenden Gesprächen, lösungsdienlichen Maßnahmen und gegebenenfalls sogar einer Folge von Teamrunden zur übergreifenden Teamentwicklung.

Überdenken Sie im Nachgang zum individuellen Gespräch zunächst die gesamte Situation in Ruhe. Bieten Sie Ihrem Mitarbeiter an, später wieder auf ihn zuzukommen und ein Folgegespräch zu führen. Beziehen Sie nach und nach das gesamte Team in geeigneter Form ein. Bedenken Sie, dass Ihr Mitarbeiter den Eindruck hatte, dass andere Arbeiten auf ihn abschieben würden. Dies bedarf einer näheren Klärung. Nehmen Sie eine ganzheitliche, „systemische" Perspektive ein und betrachten Sie die Schilderungen Ihres Mitarbeiters als Anlass, um eine umfassende Klärung herbeizuführen.

Auf den Punkt gebracht

1. Verstehen Sie das ausführliche Mitarbeitergespräch mit dem gestressten Mitarbeiter als Chance, um seine Arbeitszufriedenheit und seine Motivationshaltung näher zu beleuchten. Analysieren Sie die von Ihrem Mitarbeiter als angespannt erlebte Situation zeitnah unter seiner aktiven Mitwirkung. Arbeiten Sie gemeinsam mit ihm die Stressmomente im Tagesgeschäft genauer heraus, um zunächst eine sorgfältige Bestandsaufnahme zu machen.

2. Nehmen Sie die Schilderungen Ihres Mitarbeiters ernst und suchen Sie unter seiner Mitwirkung nach Lösungsansätzen, damit die von ihm derzeit wahrgenommene hohe Arbeitsbelastung wirksam reduziert werden kann.

3. Suchen Sie nach einer ganzheitlichen Lösung, bei der nicht nur beim Mitarbeiter, seiner persönlichen Arbeitssituation und seinem Aufgabenzuschnitt angesetzt wird. Fordern Sie den Mitarbeiter auf, selbst einen sichtbaren Beitrag zu leisten, z. B. durch konsequente Prioritätensetzung oder aktives Zugehen auf andere im Team, ohne Schuldzuweisungen auszusprechen.

Sie sprechen mit einem erkrankten Mitarbeiter nach seiner Rückkehr an den Arbeitsplatz

Situationsbeschreibung

Einer Ihrer Mitarbeiter erkrankt überdurchschnittlich häufig. Sie führen ein Gespräch mit ihm nach einer längeren Krankheitsphase, um zu prüfen, ob beispielsweise eine gezielte Unterstützung oder eine Veränderung in den Arbeitsbedingungen sinnvoll ist. Sie möchten ihm die Arbeitsaufnahme erleichtern, die Wahrscheinlichkeit einer erneuten Erkrankung reduzieren und einen geeigneten Beitrag leisten, um ihn gesundheitlich zu stabilisieren.

Wie schätzen Sie die Situation als Führungskraft ein?

Ihnen ist wichtig, alles in Ihrem Ermessen stehende zu tun, um zur vollständigen Gesundung Ihres Mitarbeiters beizutragen. Dazu wollen Sie ihn aktiv begleiten und coachen, damit er an seinem Arbeitsplatz wieder an die früher von ihm gewohnten Leistungen anknüpfen kann. Sie gehen davon aus, dass er wahrscheinlich zunächst nicht in vollem Maße belastbar ist. Insofern machen Sie sich im Vorfeld des Gesprächs Gedanken, welche Aufgaben Sie ihm zumuten können, ohne ihn zu überfordern. Ihnen kommt es darauf an, alles zu vermeiden, was dazu führt, dass neue gesundheitliche Probleme auftreten. Dazu gehört, über eine veränderte Gestaltung des Arbeitsplatzes und über weitere Unterstützungsangebote nachzudenken. Hierzu möchten Sie auch die Kollegen im Team einbeziehen.

Nach dem gegenwärtigen Stand gehen Sie davon aus, dass Ihr Mitarbeiter gesundet ist und insofern seine Arbeit wieder aufnehmen kann. Sie wissen jedoch, dass sichere Prognosen bei vielen Krankheitsverläufen kaum möglich sind und deshalb nicht ausgeschlossen werden kann, dass es zu einem Rückfall kommt. Letztlich hängt dies vom jeweiligen Krankheitsbild ab und den Informationen, die Ihr Mitarbeiter Ihnen hierzu gegeben hat. Grundsätzlich ist Ihr Mitarbeiter jedoch nicht verpflichtet, Ihnen zu seiner Erkrankung nähere Erläuterungen zu geben.

Sie sollten deshalb keinen Druck ausüben und sich von Ihrer Seite bedeckt halten, wenn Sie spüren, dass Ihr Mitarbeiter nicht über seine Erkrankung sprechen möchte. Ihnen steht es nicht zu, Ihren Mitarbeiter womöglich zu seinem Gesundheitszustand auszufragen oder ihn um Offenlegung von persönlichen, krankheitsbezogenen Informationen zu bitten. Insbesondere bei Erkrankungen, die nicht nur einen körperlichen Hintergrund haben, ist äußerste Zurückhaltung geboten. Wenn beispielsweise von psychischen Begleit- und Folgeerscheinungen im Umfeld einer chronischen Erkrankung auszugehen ist oder eine psychische bzw. psychosomatische Problematik vorliegen könnte, ist von Ihnen vorrangig ein verständnisvoller und einfühlsamer Umgang gefragt.

Konzentrieren Sie sich darauf, einen konstruktiven Beitrag als Vorgesetzter zu leisten, damit Ihr Mitarbeiter nicht erneut erkrankt und stattdessen durch angemessene Aufgaben und eine förderliche Begleitung Erfolgserlebnisse im Rahmen des von ihm Leistbaren erzielt. Ihr Mitarbeiter sollte den Eindruck gewinnen, dass Sie ihn trotz eventuell noch bestehender Beschwerden wertschätzen und sein Bemühen, sich schrittweise wieder seinen Aufgaben zu widmen, würdigen. Vorteilhaft ist es, wenn Ihr Mitarbeiter erkennt, dass Sie sich um ein für ihn günstiges Arbeitsumfeld bemühen und Ihn dabei unterstützen, wieder mit Zuversicht und Elan an die gestellten Anforderungen heranzugehen.

Dies bedeutet jedoch auch, dass Sie nicht zu viel von ihm erwarten können, da er wahrscheinlich noch geraume Zeit benötigt, um wieder an sein früheres Leistungsvermögen anzuknüpfen. Insofern sollten Sie die Entscheidung darüber, welche Aufgaben Sie ihm zumuten können, eng mit dem Betreffenden selbst abstimmen. Es kann sogar der Fall auftreten, dass Ihr Mitarbeiter sich von seiner Seite aus bereits zu viel zumutet und sich möglicher Leistungsgrenzen nicht unmittelbar bewusst ist. Insofern sollten Sie von Ihrer Seite eher moderate Ziele, Meilensteine und Aufgabenschwerpunkte auswählen, damit nicht bereits nach kurzer Zeit eine Phase der Ernüchterung oder eine erneute Erkrankung auftritt. Das vorrangige Ziel aus Ihrem Blickwinkel lautet, alles zu vermeiden, was Ihren Mitarbeiter über Gebühr beanspruchen und die erfolgreiche Eingliederung in seinem gewohnten Arbeitsumfeld behindern könnte.

Welche Verhaltensmöglichkeiten bestehen für Sie?

Hören Sie im Gespräch mit Ihrem Mitarbeiter aktiv zu und bemühen Sie sich darum, einzuschätzen, wie er seine Befindlichkeit und sein Leistungsvermögen derzeit bewertet. Klären Sie auch ab, mit welcher innerer Einstellung er an die Arbeit herangeht: Was traut er sich zu? Wo möchte er eher etwas kürzer treten? In welchen Tätigkeitsfeldern wünscht er sich Entlastung? Nehmen Sie mit innerer Achtsamkeit auf, was Sie „zwischen den Zeilen" heraushören können:

- Wirkt Ihr Mitarbeiter noch angeschlagen und hat womöglich Sorge, erneut zu erkranken?

- Möchte Ihr Mitarbeiter bestimmte Aufgaben nicht ausführen, da er sich dazu derzeit nicht ausreichend gewappnet fühlt?

- Bittet Ihr Mitarbeiter um Ihre gezielte Unterstützung, z. B. in Form von Hilfestellung bei der Aufgabenerledigung, evtl. auch in Form von weiterer Qualifizierung?

- Ist es sinnvoll, dass er sich vorerst auf bestimmte Aufgabenschwerpunkte konzentriert? Können einzelne Kollegen im Team unterstützen und ihm wirkungsvoll zur Seite stehen?

- Wünscht er sich eine Änderung der Arbeitsgestaltung oder eine Umstellung der Arbeitszeiten, um den Genesungsprozess weiter zu unterstützen?

Nehmen Sie mit Bedacht auf, welche Wünsche Ihr Mitarbeiter im Einzelnen an Sie heranträgt. Denken Sie in Ruhe darüber nach und treffen Sie noch keine unmittelbaren Entscheidungen im Gesprächsverlauf. Möglicherweise ist es erforderlich, dass Sie weitere Klärungen einleiten, z. B. mit Vorgesetzten, Projektleitern oder auch mit den Kollegen im Team. Unter Umständen müssen Sie prüfen, ob Ziele korrigiert werden können, falls Ihr Mitarbeiter beispielsweise derzeit noch nicht in gewohntem Maße an seine Aufgaben herangehen kann. Es ist zu hinterfragen, ob er einzelne Aufgaben – zumindest vorübergehend – abgibt und etwa in bestimmten Projekten vorerst nicht mitwirkt. Dabei sind die betrieblichen Notwendigkeiten gleichermaßen zu beachten: Wahrscheinlich können nicht alle Überlegungen und Vorschläge umgesetzt werden. Hierzu ist eine sorgfältige Abwägung erforderlich, in welchem Maße Sie dem Mitarbeiter entgegenkommen können, ohne die betrieblichen Abläufe, die gewissenhafte Aufgabenerledigung oder die Verpflichtungen gegenüber Kunden in Frage zu stellen.

Selbst wenn Ihr Mitarbeiter von seiner Seite nach erfolgter Genesung keine Einschränkungen mehr wahrnimmt und sich in vollem Umfang wieder auf seine Aufgaben konzentrieren möchte, sollten Sie die Situation realistisch einschätzen und sein Leistungsvermögen eher noch zurückhaltend beurteilen. Sie können in weiteren Gesprächen im Laufe der Wochen prüfen, inwieweit er wieder voll belastbar ist und sukzessive die Anforderungen an das ursprüngliche Niveau heranführen. Unter Umständen ist aber auch mit dauerhaften Einschränkungen und Leistungsminderungen zu rechnen. Dies hängt mit dem jeweiligen Charakter der Erkrankung und dem individuellen Genesungsverlauf zusammen. Stellen Sie sich darauf ein, dass es Rückschläge geben kann und sich der gesundheitliche Zustand Ihres Mitarbeiters über einen längeren Zeitraum als labil erweist.

Viel hängt davon ab, mit welcher inneren Haltung Ihr Mitarbeiter an die gestellten Aufgaben herangeht und in welchem Maße es Ihnen gelingt, ihn zu entlasten und das Ihnen Mögliche durch Coaching, Förderung und persönliche Beratung beizutragen. Verstehen Sie es als persönliche Herausforderung, darauf hinzuwirken, dass er wieder so weit wie möglich gesundet und sein ursprüngliches Leistungsvermögen nach und nach gewinnt.

Was sollten Sie besser vermeiden?

 Es ist davon abzuraten, die zurückliegende Krankheit zu ignorieren und so zu tun, als ob nichts geschehen wäre.

Wenn der Mitarbeiter sich wieder als arbeitsfähig bei Ihnen zurückmeldet, bedeutet dies meist nicht, dass er wieder vollständig belastbar ist. Es wäre deshalb wenig hilfreich, wenn Sie von ihm erwarten, dass er genau das bewältigen kann, was er vor Erkrankungsbeginn an seinem Arbeitsplatz geleistet hat. Bedenken Sie, dass Ihr Mitarbeiter längere Zeit nicht mehr anwesend war und alleine schon aus diesem Grunde zusätzliche Informationen, Hilfestellung und Begleitung bei der Wiedereingliederung benötigt. Vielleicht hat sich sogar etliches an seinem Arbeitsplatz angesammelt, sodass sogar Mehrarbeit nötig wäre, um all das zu erledigen, was zwischenzeitlich von Ihrem Mitarbeiter nicht bearbeitet wurde.

Konzentrieren Sie sich deshalb darauf, mit Ihrem Team die Situation möglichst bereits vor der Rückkehr des erkrankten Mitarbeiters zu besprechen. Jeder im Team sollte engagiert daran mitwirken, dass der genesene Mitarbeiter günstige Bedingungen beim Wiedereinstieg vorfindet und sich baldmöglichst wieder integrieren kann. Dazu gehört, sich Mühe zu geben, ihn kollegial zu entlasten und ihm im Rahmen des Möglichen zur Hand zu gehen, damit er sich im Team positiv aufgenommen fühlt. Am besten erarbeiten Sie mit dem Team einen konkreten Maßnahmenplan mit individuellen Verantwortlichkeiten, wer was bis wann – mit welchem Ziel – beiträgt, um die Wiedereingliederung zu unterstützen.

Vermeiden Sie es, die Krankheit zu bagatellisieren oder mit überhöhten Erwartungen an die nächsten Wochen heranzugehen: Es muss immer damit gerechnet werden, dass eine längere Erkrankung bei dem Betroffenen physische und psychische Folgewirkungen nach sich zieht. Gehen Sie davon aus, dass der Gesundheitszustand schwankend ist, er sich da und dort noch schonen muss oder ihm auch das Selbstvertrauen fehlt. Selbst wenn sich diese Annahmen als unbegründet herausstellen – etwa weil Ihr Mitarbeiter tatsächlich wieder voll leistungsfähig ist – signalisieren Sie ihm durch Ihre wohlwollende und vertrauensvolle Haltung, dass Sie auf ihn Rücksicht nehmen werden, wenn anfänglich nicht alles nach Plan läuft.

Je mehr Sie ihm durch Gespräche und bereitwillige, verständnisvolle Unterstützungsangebote zur Seite stehen, desto eher fühlt er sich von Ihnen positiv aufgenommen. Dabei gilt es gleichermaßen sorgfältig zu beachten, welche Erwartungen Ihr Mitarbeiter von seiner Seite an Sie heranträgt: Erwecken Sie nicht der Anschein, dass Sie ihm nichts mehr zutrauen oder ihn gar als kaum noch belastbar einstufen. Vielmehr kommt es darauf an, dass Sie ihm angemessene Herausforderungen stellen, die es ihm erleichtern, wieder Fuß zu fassen, Erfolge zu erzielen und dabei auch weiter an Zuversicht zu gewinnen. Wenig zuträglich wäre es, wenn Sie ihm eine Schuld an seinem Zustand zuweisen, eine übertriebene Schonhaltung begünstigen oder ihn dafür verantwortlich machen, dass er bestimmte Leistungen nicht erbringen kann. Behandeln Sie ihn zuvorkommend, fair und achtsam, um die Genesung weiter zu fördern.

Auf den Punkt gebracht

1. Entwickeln Sie gemeinsam mit Ihrem Mitarbeiter und dem Team einen Aktionsplan, damit er nach und nach sein Aufgabenfeld wieder übernehmen kann. Gehen Sie davon aus, dass dies Zeit benötigt und er zu Beginn noch nicht in vollem Maße an die vor Beginn der Erkrankung gezeigten Leistungen anknüpfen kann.

2. Suchen Sie das kontinuierliche Gespräch mit Ihrem Mitarbeiter, um ihm die jeweils angemessene Entlastung, Begleitung und Unterstützung gewähren zu können. Verzichten Sie darauf, Druck auszuüben oder den Mitarbeiter zu überfordern. Beweisen Sie ihm durch aktives Zuhören, hohes Einfühlungsvermögen und respektvolles Verständnis, dass Sie ihm so weit wie möglich zur Seite stehen werden.

3. Ergreifen Sie die Initiative, damit Ihr Mitarbeiter Erfolgserlebnisse erzielt und sich im Team gut aufgenommen fühlt. Richten Sie Ziele, Projekte und Aufgaben auf das derzeit von ihm Leistbare aus.

Ein Konflikt im Team droht auszustrahlen

Situationsbeschreibung

Ein Mitarbeiter äußert Ihnen gegenüber, dass er sich mit einem Kollegen nicht mehr gut versteht. Es gibt häufiger Auseinandersetzungen und die Produktivität leidet. Den anderen Teammitgliedern ist auch schon aufgefallen, dass die beiden nicht mehr so harmonisch zusammenarbeiten wie früher. Selbst bei Kleinigkeiten gibt es öfter Unstimmigkeiten. Die Arbeitsatmosphäre ist angespannt. Untereinander gelingt es den beiden anscheinend nicht, aufeinander zuzugehen und eine gemeinsame Linie zu finden.

Wie schätzen Sie die Situation als Führungskraft ein?

Gelegentliche Meinungsverschiedenheiten und vereinzelte Spannungen im Team sind im beruflichen Alltag keine Seltenheit. Wenn Mitarbeiter mit unterschiedlichen Naturellen an anspruchsvollen Aufgabenstellungen arbeiten, muss häufig um die beste Lösung gerungen werden. Ein gewisses Maß an Konflikttoleranz aller Beteiligten ist eine Voraussetzung dafür, dass die interdisziplinäre Zusammenarbeit gelingt und trotz unterschiedlicher Auffassungen und fachlicher Kompetenzen eine gemeinsame Problemlösung erarbeitet wird. Insofern ist eine „konstruktive Streitkultur" sogar eine Voraussetzung dafür, dass komplexe Problemstellungen durch das Zusammenwirken einzelner Spezialisten bewältigt werden können. Erst dann, wenn offen und fair über abweichende Lösungsansätze diskutiert wird, können die unterschiedlichen Kenntnisse, Erfahrungen und Sichtweisen der jeweiligen Teammitglieder zusammengeführt werden, sodass Synergien entstehen und neue, weiterführende Herangehensweisen entwickelt werden.

Viele kleinere Konflikte lösen sich von selbst, wenn die Beteiligten ernsthaft wieder aufeinander zugehen und mit einem gewissen inneren Abstand in Ruhe eine sachliche Klärung anstreben. Meist ist es sinnvoll, die Betreffenden dazu zu ermutigen, selbst untereinander nach einem erfolgversprechenden Weg zu suchen, um eine angespannte Situation zu bereinigen. Eingriffe von außen können sogar hinderlich sein, da Sie die Konfliktbeteiligten dazu verleiten, nicht eigeninitiativ nach einem Gesprächsansatz zu suchen, sondern auf die Hilfe des Vorgesetzten zu warten. Die Gefahr besteht darin, dass die Führungskraft immer häufiger eingreifen muss, wenn eine brenzlige Situation im Team zu bereinigen ist. Vorteilhaft ist es dementsprechend, eher zurückhaltend und ausgleichend auf die Beteiligten einzuwirken, damit Sie untereinander einen neuen Anlauf nehmen, um einen etwaigen Dissens zeitnah auszuräumen.

Wenn jedoch eine Eskalation droht und trotz mehrerer Versuche zur einvernehmlichen Klärung kein substanzieller Fortschritt bei der Entspannung der Lage zu erkennen ist, sollten Sie sich der Angelegenheit annehmen. Schwelende, anhaltende Meinungsverschiedenheiten drohen auszustrahlen: Weitere Teammitglieder oder sogar unbeteiligte Dritte können in das Konfliktgeschehen involviert werden, sodass der Konflikt immer weitere Kreise zieht. Auch Kunden, Vorgesetzte und Mitarbeiter aus Nachbarabteilungen spüren plötzlich, dass bei Ihnen im Team „etwas nicht stimmt". Spätestens dann, wenn die angespannte Situation zu einer erkennbaren Beeinträchtigung der kundenorientierten Leistungserbringung im Team führt, sind Sie gut beraten zu handeln, einer weiteren Verschärfung entgegenzuwirken und auf eine zügige Entspannung der emotionsgeladenen Atmosphäre hinzuwirken.

Welche Verhaltensmöglichkeiten bestehen für Sie?

Machen Sie sich im ersten Schritt ein genaues Bild der Lage:

- Woran haben sich die Auseinandersetzungen entzündet?

- In welchen Situationen gibt es Unstimmigkeiten?

- Welche Positionen vertreten die Konfliktpartner?

Zweckmäßig ist es, jeden der Beteiligten zu hören und die Standpunkte näher kennenzulernen. Dazu sind Einzelgespräche empfehlenswert, in denen jeder unbeeinflusst vom anderen seine Position Ihnen gegenüber erläutern kann. Nehmen Sie sich deshalb die Zeit, alle Beteiligten zu hören, ohne jedoch ein vorschnelles Urteil zu fällen, einen Schuldigen auszudeuten oder sich in den Konflikt hineinziehen zu lassen.

Wenn Sie einseitig Position ergreifen, werden Sie rasch zu einem Beteiligten und bringen womöglich einzelne Teammitglieder gegen sich auf. Besser ist es, wenn Sie zunächst die einzelnen Standpunkte überdenken und die Streithähne dazu auffordern, untereinander nach einer erneuten Klärung zu suchen. Je weniger Sie von Ihrer Seite intervenieren und je mehr Sie den Konfliktparteien Raum geben, um selbst eine Lösung zu finden, umso besser. Letztlich sollte es gelingen, dass auch ohne Ihr unmittelbares Eingreifen von den Betreffenden nach einem weiterführenden Lösungsansatz gesucht wird. Dazu kann es hilfreich sein, vorsichtig Impulse und Anregungen zu geben, damit die jeweiligen Mitarbeiter untereinander wieder in einen Klärungsdialog eintreten. Ein Lösungsweg, den Sie lediglich angebahnt haben und der vorrangig von den betreffenden Teammitgliedern gemeinsam entwickelt wurde, ist meist tragfähiger und findet zugleich mehr Akzeptanz als eine Vorgabe von Ihrer Seite. Wenn der von Ihnen einseitig gewählte Verfahrensweg womöglich nicht greift, besteht zudem die Gefahr, dass man Sie für das Scheitern der Klärungsversuche mit verantwortlich macht.

Verstehen Sie sich deshalb eher als Moderator, der die Konfliktpartner dabei begleitet, aufeinander zuzugehen, zum sachlichen Dialog zurückzukehren und untereinander in einem neuen Anlauf eine tragfähige Lösung zu entwickeln. Beziehen Sie unter Umständen mit Bedacht ausgewählte Dritte ein, die wirksam zur Konfliktklärung beitragen können. Dies kann auch bedeuten, eine Teamrunde durchführen, um gemeinsam mit allen Kollegen in Ihrer Abteilung eine vertiefte Konfliktbetrachtung vorzunehmen. Unter Umständen können sich aus dem Team heraus neue Ideen und Anregungen entwickeln, die in Gesprächen nur mit den Konfliktparteien alleine nicht sichtbar werden. Dies entspricht einem ganzheitlichen Vorgehen, bei dem Sie Konfliktfelder nicht lediglich auf einzelne Personen bezogen betrachten, sondern das relevante Umfeld in der Organisation einbeziehen. Beachten Sie jedoch: Die Klärung selbst sollte soweit wie möglich durch die unmittelbar am Konfliktgeschehen

Beteiligten angestoßen werden. Die Einbeziehung weiterer Personen in den Lösungsprozess setzt voraus, dass die Betroffenen damit einverstanden sind, die nötige Vertraulichkeit gewahrt wird und keine unnötig weiten Kreise gezogen werden.

Betrachten Sie den nötigen Aufwand für die Konfliktklärung auch unter Ressourcenaspekten: Je mehr Sie und Ihre Mitarbeiter in das Konfliktmanagement investieren, desto mehr produktive Zeit geht verloren, was letztlich das wirtschaftliche Handeln ungünstig beeinflusst. Wenn ein schwelender Konflikt jedoch ein solches Ausmaß erreicht hat, dass offensichtliche Reibungsverluste bei kundenorientierten Leistungsprozessen entstehen, ist es gerechtfertigt, sich genügend Zeit zu nehmen, um zügig Abhilfe zu schaffen. Falls Sie zögern sich einzuschalten oder die Konfliktursachen ignorieren, kann sich ein aufkeimender Konflikt weiter verfestigen und eine fortschreitende Eskalation nach sich ziehen.

Folgende Vorgehensweisen sind denkbar – und je nach Sachlage im betrieblichen Umfeld auf deren Nützlichkeit hin zu bewerten:

• Sukzessive Einzelgespräche mit den Konfliktbeteiligten, um einen zeitnahen Klärungsprozess anzustoßen.

• Nähere Analyse von funktionalen Prozessen in Ihrem Verantwortungsbereich, um Optimierungsansätze zu finden, die helfen können, vorhandene Konfliktmuster zu entschärfen – etwa im Hinblick auf die wirksame Entlastung der Beteiligten und eine Beseitigung von erkannten Schwachstellen.

- Aufeinanderfolgende Gesprächstermine gemeinsam mit allen Konfliktparteien, um im ruhigen, sachlichen und vertrauensvollen Dialog auf eine einvernehmliche Lösung hinzuwirken.

- Fokussierte Teambesprechungen, bei denen in Ihrer Abteilung bezogen auf das jeweilige Problemfeld nach einer Lösung gesucht wird – unter dem Blickwinkel, dass der Konflikt in einen übergreifenden Rahmen eingeordnet und eine ganzheitliche Lösung gefunden wird.

- Neuordnung von Zuständigkeiten, Aufgabenprofilen, Zielvereinbarungen oder Entscheidungskompetenzen, damit Konfliktpotenziale in der internen Kommunikation und Kooperation entschärft werden. Dazu gehört die Überprüfung von Ressourcenzuweisungen, z. B. Budgets, um Kapazitätsengpässe zu überwinden. Unter Umständen werden auch Informations- oder Qualifizierungsbedarfe sichtbar, sodass Sie hierzu geeignete Maßnahmen einleiten können.

Sofern ein Konflikt auf eine umgrenzte, überschaubare Konfliktursache im engeren Arbeitsumfeld der jeweiligen Mitarbeiter zurückzuführen ist, können Sie die Betreffenden bitten, einen schriftlichen Lösungsvorschlag zu erarbeiten. Im Zweifelsfalle ist es besser, „den Ball flach zu halten", auf die Eigenverantwortlichkeit der Konfliktparteien zu setzen und eine partnerschaftliche Lösung im kleinen Kreise anzuregen. Machen Sie deutlich, dass Sie gerne vermittelnd mitwirken, um eine rasche Klärung zu erarbeiten. Voraussetzung hierfür ist jedoch, dass in ruhigem Ton argumentiert wird. Falls die Gesprächsatmosphäre angespannt ist, kann es sinnvoll sein, den Konfliktparteien zunächst eine Auszeit nahezulegen und die vertiefte Problembesprechung zu vertagen, bis wieder sachlich miteinander geredet wird. Unter Umständen empfehlen sich ergänzende, informelle Gespräche von Ihrer Seite, um einzelne Konfliktbeteiligte wieder zu einem konstruktiven Dialog zu bewegen.

Beweisen Sie Geduld und die Bereitschaft, sich bei festgefahrenen Konflikten in vertiefenden Gesprächen als Klärungshelfer zu engagieren, ohne jedoch unbedacht von außen einzugreifen. Setzen Sie sich ernsthaft mit der Konfliktmaterie auseinander. Dies kann nicht „en passant" erledigt werden, sondern verdient Priorität und hohe Aufmerksamkeit von Ihrer Seite, damit ein faires Miteinander und die offene Dialogbereitschaft untereinander wieder hergestellt werden. Gerade dann, wenn die Konfliktursachen von den Betreffenden trotz ernsthaften Bemühens nicht ausgeräumt werden können, sind Sie als Führungskraft gefordert, vorrangig durch moderierende Gespräche eine Lösungsfindung anzubahnen.

Was sollten Sie besser vermeiden?

Jeden aufkeimenden Konflikt in Ihrem Team gilt es, ernst zu nehmen. Vermeiden Sie deshalb, den Konflikt zu ignorieren, ihn herunterzuspielen oder sich aus allem herauszuhalten.

Es hilft meist nicht, einfach nur abzuwarten, da Sie ansonsten das unwägbare Risiko einer weiteren Konflikteskalation eingehen. Bedenken Sie, dass wahrscheinlich auch unbeteiligte Dritte von dem Konflikt unter Ihren Mitarbeitern Kenntnis erhalten – bis dahin, dass Kunden und Vorgesetzte auf Unstimmigkeiten in Ihrem Team aufmerksam werden. Im Zweifelsfall wird man es Ihnen selbst anlasten, dass Sie nicht von sich aus die Initiative ergriffen und eine rasche Konfliktklärung angebahnt haben.

Verzichten Sie gegenüber den Konfliktparteien auf unbedachte Äußerungen, die den Eindruck erwecken, dass Sie den strittigen Sachverhalt bagatellisieren könnten. Unterlassen Sie einseitige Vorgaben, autoritäre Eingriffe und unüberlegte „Schnellschüsse". Unternehmen Sie stattdessen das Ihnen Mögliche, um den ruhigen und sachlichen Dialog der Beteiligten untereinander aufs Neue zu fördern – auch dann, wenn erste Versuche womöglich zum Scheitern verurteilt sind, weil temperamentvolle Charaktere aufeinandertreffen, die vor emotionalen Ausbrüchen, fortgesetzten wechselseitigen Vorwürfen oder persönlichen Attacken nicht zurückschrecken.

Demonstrieren Sie durch eigenes vorbildliches Gesprächs- und Klärungsverhalten, wie ein gefühlsbetonter, aufgeschaukelter Konflikt durch eine sachlich neutrale und lösungsorientierte Herangehensweise entschärft werden kann. Suchen Sie gemeinsam mit den Beteiligten nach einer „Gewinner-Gewinner-Lösung", die durch Aufeinanderzugehen, wechselseitiges Verständnis und ernst gemeinte Kompromissbereitschaft im Sinne der gemeinsamen Sache geprägt ist.

Auf den Punkt gebracht

1. Wenn Sie in Ihrem Team einen Konflikt wahrnehmen empfiehlt es sich, in einen unvoreingenommenen Dialogprozess einzutreten, bei dem die Beteiligten am besten untereinander in ruhigem Ton herausarbeiten, wie die Konfliktursachen nachhaltig beseitigt werden können.

2. Stellen Sie sich darauf ein, dass die Bearbeitung eines aufkeimenden Konfliktes Zeit benötigt und mehrere Gespräche erfordert. Welcher Weg im Einzelnen lösungsdienlich ist, lässt sich im Vorhinein oftmals nicht genau einschätzen. Insofern obliegt es Ihnen, je nach Konfliktkonstellation, Umfeldsituation und Zielen einen Klärungsansatz zu entwickeln, der eine effektive, zeitnahe Problembeseitigung zur Folge hat.

3. Die Konfliktbearbeitung darf nicht dazu führen, dass die Produktivität in Ihrem Team leidet. Wenn der Aufmerksamkeitsfokus der Beteiligten anhaltend auf die Konfliktbearbeitung gelenkt wird, gerät das Kundeninteresse leicht in den Hintergrund. Insofern ist zügiges Handeln erforderlich, um eine Konflikteskalation zu vermeiden und um Reibungsverluste zu minimieren.

Ein Mitarbeiter wünscht eine Gehaltserhöhung

Situationsbeschreibung

Ihr Mitarbeiter spricht Sie unvermittelt am Ende eines fachbezogenen Routine-Gesprächs an und äußert den Wunsch, eine Gehaltserhöhung zu erhalten. Sie sind zunächst etwas überrascht, da in diesem Gespräch bisher andere Themen im Mittelpunkt gestanden haben. Sie hören Ihrem Mitarbeiter zu, um zu erfahren, welche Vorstellungen er hierzu im Einzelnen hat.

Wie schätzen Sie die Situation als Führungskraft ein?

Nach Ihrer Auffassung steht es Ihrem Mitarbeiter frei, persönliche Wünsche, auch zu Gehaltsfragen, zu äußern. Sie haben hierfür ein offenes Ohr und nehmen sich vor, sein Anliegen ernsthaft zu prüfen. Zwar haben Sie nicht damit gerechnet, dass er dieses Thema in einer inhaltlich ausgerichteten Besprechung zu Fragen des Tagesgeschäftes spontan anspricht. Sie gestehen es ihm jedoch bereitwillig zu und möchten erfahren, welche Erwartungen er an Sie hat.

Gehaltsfragen werden in Ihrem Hause in einem festen Turnus vor dem Hintergrund der gezeigten Leistungen, den jeweiligen Tätigkeitsprofilen der einzelnen Mitarbeiter und der Gehaltssystematik erörtert. Bei der individuellen Gehaltsbemessung werden meist weitere Vorgesetzte und der Personalbereich einbezogen. Darüber hinaus spielen tarifliche Randbedingungen eine wichtige Rolle. Außerordentliche Gehaltserhöhungen bedürfen einer schlüssigen Begründung, beispielsweise mit Bezug zu einer künftig erweiterten Verantwortung und zugleich außergewöhnlichen Leistungen Ihres Mitarbeiters. Dabei genügt es nicht, dass einmalig gute Leistungen in der Vergangenheit erzielt wurden. Es ist vielmehr in Abhängigkeit von dem persönlichen Aufgaben- und Verantwortungsspektrum eine im Vergleich zu anderen Mitarbeitern mit ähnlichem Kompetenz- und Qualifikationsniveau nachvollziehbare Gehaltseinstufung vorzunehmen.

Insofern können Sie nicht unmittelbar auf den Wunsch Ihres Mitarbeiters reagieren, sondern sind gehalten, eine vertiefte Überprüfung einzuleiten, ob und gegebenenfalls in welchem Maße eine Gehaltsanpassung vertretbar und zugleich budgetbezogen für Sie darstellbar ist. Dies liegt jedoch nicht in Ihrem persönlichen Ermessen, sondern bedarf einer plausiblen Rechtfertigung gegenüber den im Gehaltsfindungsprozess Beteiligten. Eine stimmige, überzeugende und für Außenstehende einsichtige Argumentation ist deshalb eine wichtige Voraussetzung, um die Wünsche Ihres Mitarbeiters aufgreifen zu können.

Sie haben vorab zu entscheiden, ob Sie dem Anliegen Ihres Mitarbeiters überhaupt Folge leisten wollen. Letztlich müssen Sie sich selbst in Ruhe ein Bild machen, ob es Gestaltungsmöglichkeiten gibt, um dem Mitarbeiter entgegenzukommen. Dabei spielt für Sie insbesondere eine Rolle, ob Sie im direkten Vergleich der Mitarbeiter mit ähnlichen Anforderungs- und Aufgabenschwerpunkten eine Gehaltserhöhung überhaupt vertreten können. Zu hinterfragen ist auch, ob die künftig zu übertragenden Aufgaben ein dauerhaft erhöhtes Verantwortungsniveau erfordern, sodass eine Gehaltserhöhung glaubhaft vertreten werden kann. Maßgeblich für Sie ist vorrangig der Fairness-Aspekt, d.h. eine gerechte Einordnung aller Mitarbeiter in der betrieblichen Gehaltssystematik. Dabei sind auch Marktaspekte zu beachten, d.h. die Frage, welche Bezüge ein Mitarbeiter mit vergleichbaren Kompetenzen in anderen Unternehmen ähnlicher Größenordnung erwarten kann.

Welche Verhaltensmöglichkeiten bestehen für Sie?

Im ersten Schritt ist es sinnvoll, dass Sie in Ruhe die Wünsche und Erwartungen Ihres Mitarbeiters aufnehmen. Da eine Routinebesprechung zunächst nicht der geeignete Rahmen für eine Gehaltserörterung ist, können Sie dem Mitarbeiter anbieten, über sein Anliegen nachzudenken und es in einer gesonderten Besprechung zu vertiefen. Unter Umständen ist es zweckmäßig, den Mitarbeiter um eine schriftliche Präzisierung zu bitten, in der er die Gründe für seine geäußerte Erwartung näher darlegt, etwa mit Bezug auf seine derzeitigen Leistungen und seine fachliche Verantwortung. Dies hat den Vorteil, dass Sie seine Sichtweise im Einzelnen im Hinblick auf Plausibilität und Machbarkeit prüfen können und auch gegenüber Dritten, z.B. dem Personalbereich oder eigenen Vorgesetzten, eine erweiterte Argumentationsgrundlage haben.

Möglicherweise ergibt sich aus der Begründung des Mitarbeiters ein Ansatz, sein Anliegen weiter zu verfolgen. Beispiele hierfür lauten:

- Er hat fortgesetzt über einen längeren Zeitraum überzeugende Leistungen erbracht und wird in Zukunft Aufgaben mit einem deutlich erweiterten Verantwortungszuschnitt übernehmen.

- Es wurden in der Vergangenheit Zielvereinbarungen getroffen, die er stets erfüllt oder sogar übertroffen hat. Hierzu ist allerdings zu prüfen, ob nicht über eine einmalige Bonifikation oder Erfolgsprämie die Zielerfüllung bereits monetär angemessen gewürdigt wurde.

- Der Mitarbeiter wechselt künftig in eine neue Position, die im Gehaltssystem höher eingestuft ist.

- Er hat zusätzliche Qualifizierungsmaßnahmen durchlaufen, z. B. eine mehrjährige berufsbegleitende und zertifizierte Weiterbildung, die ihn befähigt, in naher Zukunft weiterführende Aufgaben zu übernehmen.

- Der Mitarbeiter war bisher gemäß einer Einstufungsgruppe ihrer betrieblichen Gehaltssystematik eher unterdurchschnittlich eingeordnet, sodass er nun aufgrund gewachsener Erfahrung, Kompetenz und Expertise höher eingestuft werden kann.

- Unter Marktgesichtspunkten erzielt der Mitarbeiter in seiner derzeitigen fachlichen Position vergleichsweise geringe Bezüge, sodass eine Gehaltsanpassung vertretbar ist. Er verfügt über ein attraktives, höherwertiges Kompetenzprofil, sodass auch im überbetrieblichen Vergleich eine Anhebung seines Gehaltes zu vertreten ist.

Im Nachgang zu einem vertieften Gehaltsgespräch mit Ihrem Mitarbeiter bietet es sich an, mit den maßgeblichen, bei der Gehaltsfindung beteiligten Ansprechpartnern Ihres Hauses, z. B. im Personalwesen, Rücksprache zu halten. Zu klären ist dabei, welche Gestaltungsspielräume es für Sie bei der individuellen Gehaltsbemessung gibt.

Was sollten Sie besser vermeiden?

Wecken Sie gegenüber Ihrem Mitarbeiter keine unrealistischen Erwartungen und unterlassen Sie voreilige Zusagen.

Halten Sie sich am besten zunächst bedeckt und prüfen Sie in Ruhe, welche Möglichkeiten Sie überhaupt haben, um das Anliegen Ihres Mitarbeiters weiter zu verfolgen. Es wäre ungünstig, wenn Sie aus einer spontanen Einschätzung heraus argumentieren. Wenig zielführend ist es dementsprechend, wenn Sie das Anliegen Ihres Mitarbeiters gleich abschmettern oder womöglich wohlwollend eine Gehaltserhöhung in Aussicht stellen. Bedenken Sie, dass Sie seine Verantwortung und seine Leistungen im Vergleich zu den Kollegen und der Belegschaft in Ihrem Hause insgesamt im Blick behalten müssen. Zu berücksichtigen ist weiterhin das Vergütungsniveau für Mitarbeiter mit ähnlichen Qualifikationen in vergleichbaren Unternehmen.

Wenn Sie auf sein Anliegen unvermittelt eingehen, kann der Fall eintreten, dass Sie dies später bereuen. Womöglich verfügen Sie nicht über die Gestaltungsspielräume, um Ihrem

Mitarbeiter eine Anhebung seiner Bezüge anzubieten. Wenn Sie seinen Wunsch aufgreifen, kann auch der Fall eintreten, dass andere Mitarbeiter davon erfahren und ebenfalls mit dem Ansinnen einer Gehaltserhöhung auf Sie zukommen. Entwickeln Sie deshalb bei nüchterner Betrachtung des Gehaltsniveaus aller Mitarbeiter eine faire, nachvollziehbare Lösung im individuellen Fall.

Bedenken Sie, dass Sie eine getroffene Einstufung nicht ohne weiteres später rückgängig machen können. Dies dürfte unter dem Aspekt der „Besitzstandswahrung" (Schlechterstellungsverbot) problematisch werden. Folglich bedarf es einer sorgfältigen Prüfung im Vorfeld, welche Möglichkeiten für eine flexible Gehaltsanpassung Sie tatsächlich haben – auch wenn etwa die künftigen Leistungen Ihres Mitarbeiters nicht so ausfallen wie erwartet. Hierzu ist eine enge Abstimmung mit Ihrem Fachbereich Personalwesen unabdingbar.

Vermeiden Sie unbedachte Schritte, die Sie später in die Bredouille bringen. Gibt es eventuell geeignete nicht-monetäre Anreize, die Sie Ihrem Mitarbeiter alternativ anbieten können, um ihn weiter zu motivieren? Denken Sie beispielsweise an zusätzliche Qualifizierungsmaßnahmen, flexiblere Arbeitszeiten, attraktive neue Aufgaben, mehr Gestaltungsspielräume oder herausfordernde Arbeitsformen, z. B. die Mitarbeit in besonderen Projekten oder Netzwerken.

Auf den Punkt gebracht

1. Prüfen Sie das Anliegen Ihres Mitarbeiters mit Bedacht und geben Sie eine Einschätzung erst dann ab, wenn Sie sich mit den Gestaltungsspielräumen im Gehaltssystem Ihres Hauses ausreichend befasst haben. Lassen Sie sich hierzu beraten, insbesondere von den Spezialisten in Ihrem betrieblichen Personalwesen.

2. Eine Gehaltserhöhung für Einzelne kann meist nur erfolgen, wenn eine dauerhafte Veränderung der Anforderungen, der Verantwortung und der Kompetenzen am jeweiligen Arbeitsplatz gegeben ist. Einmalig gezeigte Leistungen, die ein Mitarbeiter in der Vergangenheit erbracht hat, rechtfertigen keine dauerhafte Anpassung der Bezüge.

3. Gehaltsfragen sollten grundsätzlich in den hierfür turnusmäßig vorgesehen Leistungsbewertungs- und Gehaltsgesprächen mit allen Mitarbeitern gesondert erörtert werden. Hierzu sind sämtliche Teammitglieder in vertraulichen Einzelgesprächen gleichermaßen einzubeziehen.

4. Außerordentliche Gehaltserhöhungen für einzelne Mitarbeiter, unabhängig vom üblichen Turnus der hausinternen Gehaltsfestlegung, bedürfen einer genauen Prüfung. Nur in gut begründeten Ausnahmefällen ist eine unterjährige Gehaltsanpassung zu veranlassen. Fairness, Transparenz und Plausibilität der leistungsgemäßen Einstufung im übergreifenden Gehaltsgefüge Ihres Unternehmens sind dabei wesentliche, zu beachtende Kriterien.

Ein Teammitglied hat Ambitionen, selbst Leiter zu werden

Situationsbeschreibung

Ein Mitarbeiter in Ihrem Team möchte selbst Vorgesetzter werden und äußert dies Ihnen gegenüber spontan in einem Gespräch. Er hatte sich bereits zu einem früheren Zeitpunkt für die Position interessiert, die Sie nun seit geraumer Zeit als Teamleiter übernommen haben. Damals wurde er jedoch nicht berücksichtigt, da man Sie für den geeigneteren Kandidaten hielt. Er trägt Ihnen gegenüber vor, dass er in absehbarer Zeit auch gerne weiter vorankommen möchte.

Wie schätzen Sie die Situation als Führungskraft ein?

Aus ihrer Sicht ist es völlig legitim, dass sich ein Mitarbeiter in Ihrem Team beruflich weiterentwickeln möchte. Sie sehen sich selbst in der Rolle, Ihre Mitarbeiter zu coachen und im Rahmen Ihrer Möglichkeiten zu fördern. Dies beinhaltet auch, Mitarbeiter dabei zu begleiten, einen weiteren Karriereschritt zu gehen. Sie möchten jedoch eine Konkurrenzsituation unbedingt vermeiden. Deshalb liegt Ihnen daran, dass Ihr Mitarbeiter respektiert, dass die Entscheidung für die Leitungsposition damals zu Ihren Gunsten ausgefallen ist. Insofern wünschen Sie sich, dass er nicht auf offene oder verdeckte Weise Ihre Führungsrolle in Frage stellt oder womöglich sogar gegen Sie arbeitet. Gerne möchten Sie ihn in seinen Karriereambitionen unterstützen, sofern er sich Ihnen gegenüber loyal und berechenbar verhält.

Aus Ihrer Sicht kommt für ihn nur eine Position in Frage, die zu seinen Qualifikationen, Erfahrungen und Fähigkeiten passt. Insofern möchten Sie zunächst klären, ob eine berufliche Veränderung, etwa hin zu einer Führungsaufgabe, seinen Stärken und Potenzialen entspricht. In der jetzigen Stelle leistet er gute Arbeit und ist für Sie als Spezialist in seinem Fachgebiet eine wichtige Stütze im Team. Es wäre ein großer Verlust für Sie, wenn Sie ihn als kompetente Fachkraft verlieren würden. Einerseits liegt Ihnen viel daran, ihn „zu halten". Andererseits wissen Sie, dass er mittelfristig möglicherweise unzufrieden wäre, wenn Sie auf seine Wünsche und Erwartungen nicht eingehen. Ob seine berufliche Weiterentwicklung jedoch in Richtung einer Führungslaufbahn zielen kann, ist für Sie offen. Alternativ können Sie sich für ihn auch eine weitere fachliche Qualifizierung oder eine zeitlich befristete Sonderaufgabe mit zusätzlicher Verantwortung, z. B. als Projektleiter, vorstellen.

Welche Verhaltensmöglichkeiten bestehen für Sie?

Im ersten Schritt bietet es sich an, in einem vertiefenden Gespräch gemeinsam mit ihrem Mitarbeiter über seine beruflichen Entwicklungswünsche nachzudenken. Dazu möchten Sie ihm auch ein Feedback dazu geben, wie Sie seine Leistungen und Fähigkeiten derzeit einschätzen. Im Rahmen einer Potenzialanalyse können Sie klären, welche Entwicklungsmöglichkeiten bestehen. Möglicherweise ergeben sich für ihn daraus verschiedene denkbare Zukunftswege, ohne dass dies zu einem Konflikt mit Ihrer eigenen Leitungsverantwortung führt.

Dazu verdeutlichen Sie ihm am besten einfühlsam, dass er Ihre Führungsfunktion im Team zu akzeptieren hat, da Sie ihn ansonsten nicht fördern können. Die getroffenen Weichenstellungen in Frage zu stellen, würde auch Ihre Leitungsautorität schwächen. Sie können ihm jedoch vertrauensvoll anbieten, ihn soweit wie möglich dabei zu unterstützen, seine Wünsche nach einer beruflichen Weiterentwicklung zu verfolgen. Dies beinhaltet, gemeinsam mit ihm eine realistische berufliche Perspektive aufzubauen.

Zu klären ist, ob Ihr Mitarbeiter Führungstalent besitzt. Hierzu bietet sich ein systematischer Prozess der Analyse seines Führungspotenzials an, etwa unter Einbeziehung von weiteren Vorgesetzten, erfahrenen Gutachtern und Spezialisten des Personalwesens. Ein solches, strukturiertes Verfahren kann beispielsweise Potenzialgespräche, Tiefen-Interviews, eine biografische Analyse, verhaltensbezogene Übungen, diagnostische Tests oder ein Assessment-Center beinhalten. In einer weiterführenden Phase der Potenzialanalyse lassen sich auch gezielt Sonderaufgaben übertragen, um zu prüfen, ob der Kandidat die gestellten Anforderungen in der Praxis gut bewältigen kann. Dazu kommen beispielsweise Projektleitungen, eine Stellvertreter-Funktion oder eine temporäre Leitungsverantwortung in einer anderen Einheit Ihres Hauses in Frage. Eine erfolgversprechende Umsetzung hängt jedoch davon ab, ob in Ihrem Unternehmen ein solches potenzialanalytisches Verfahren bereits erprobt wurde und methodisch sorgfältig durchgeführt werden kann. Die

Voraussetzungen hierfür dürften eher in größeren Unternehmen gegeben sein.

Sie können gemeinsam mit Ihrem Mitarbeiter im Vorfeld erörtern, ob er bereit wäre, eine solche Potenzialanalyse zu durchlaufen und wie sich das Verfahren für ihn im Einzelnen gestalten würde. Je nach Befundlage könnte er schrittweise auf die Übernahme einer verantwortungsvollen Fach- oder Führungsrolle vorbereitet werden. Dies setzt jedoch voraus, dass in Ihrem Hause später geeignete Positionen zu besetzen sind und seine persönlichen Voraussetzungen zu dem jeweiligen Anforderungsprofil der betreffenden Stelle passen. Konzentrieren Sie sich darauf, gemeinsam mit ihm einen Entwicklungsweg zu erarbeiten, der sowohl seinen als auch Ihren Vorstellungen entspricht. Vielleicht lassen sich alternativ innerhalb seiner jetzigen Aufgabe veränderte Schwerpunkte setzen, die für ihn eine neue Herausforderung darstellen.

Lassen Sie sich nicht unter Druck setzen und bitten Sie Ihren Mitarbeiter um Verständnis, dass Sie Zeit benötigen, um in Ruhe darüber nachzudenken, welche nächsten beruflichen Schritte für ihn in Frage kommen. Unter Umständen sind Ihnen die Hände gebunden, da Sie nicht alleine darüber entscheiden können, welche neuen Aufgaben oder Positionen Ihr Mitarbeiter in Zukunft übernehmen könnte. Am besten erörtern Sie hierzu mit kompetenten Dritten, z.B. Beratern in Ihrem Personalwesen, wie ein zweckmäßiges Vorgehen im Einzelfall aussehen könnte.

Bieten Sie Ihrem Mitarbeiter an, dass Sie das in Ihrem Ermessen stehende tun werden, um ihn aktiv zur Vorbereitung mittelfristiger Weichenstellungen zu fördern. Dazu gehören

insbesondere ergänzende Gesprächs- und Beratungsange-
bote, um zu erreichen, dass er sich weiterhin mit den gestellten Aufgaben identifiziert, auch künftig gute Leistungen
zeigt und den Eindruck gewinnt, dass Sie ihm bei seiner
beruflichen Zukunftsplanung ernsthaft und wohlwollend
zur Seite stehen.

Was sollten Sie besser vermeiden?

> Versuchen Sie, Ihren Mitarbeiter dafür zu gewinnen,
> dass er Sie nicht als Gegenspieler wahrnimmt, sondern
> als Verbündeten.

Ihr gemeinsames Interesse besteht darin, dass er Ihre Füh-
rungsautorität anerkennt, sich motiviert in Ihrem Team engagiert und zugleich auch für sich selbst eine attraktive
Entwicklungsperspektive erkennen kann.

Vermeiden Sie es, seine Wünsche schroff zurückzuweisen,
zu ignorieren oder auf die lange Bank zu schieben. Unglücklich wäre es, wenn Sie ihm das Gefühl vermitteln, dass Sie
ihn als ungeeignet einstufen, um eine Leitungsaufgabe zu
übernehmen. Dies könnte ihn zu der Einschätzung veranlassen: Mein Vorgesetzter unterschätzt meine Fähigkeiten,
er will mich nicht fördern, und er nimmt meine Zukunfts-
vorstellungen nicht ernst. Es könnte sogar zu einer offenen
oder verdeckten Konfrontation kommen, wenn er zu der
Auffassung gelangt, dass Sie ihn nicht unterstützen wollen
oder sogar in seiner beruflichen Entwicklung blockieren.
Eine Rivalität zwischen Ihnen und ihm gilt es zu verhindern.

Suchen Sie deshalb nach einem Weg, um zu prüfen, ob seine Ambitionen, selbst Vorgesetzter zu werden, begründet sind. Hierzu bietet sich eine strukturierte Potenzialanalyse an, bei der nicht nur Sie, sondern weitere Gutachter, z. B. erfahrene Führungskräfte und Personalspezialisten, einbezogen werden.

Sofern Ihr Mitarbeiter jedoch kurzfristig eine Beförderung wünscht, obwohl seine Voraussetzungen hierfür unklar sind, sollten Sie sich bedeckt halten. Vermeiden Sie jegliche Zusagen für die mögliche Übernahme einer etwaigen Position zu einem späteren Zeitpunkt. Am besten ist es, wenn Sie sich in dieser Hinsicht neutral verhalten: Was können Sie Ihrem Mitarbeiter zum gegenwärtigen Zeitpunkt als realistische berufliche Perspektive anbieten? Verdeutlichen Sie ihm gegebenenfalls, dass Ihnen die Hände gebunden sind, sofern in Ihrem Hause in absehbarer Zukunft keine passende Fach- oder Führungsposition zur Verfügung steht.

Selbst wenn Ihr Mitarbeiter Führungspotenzial besitzt, sollten Sie ihm dies zwar anerkennend rückmelden, aber keine unbegründeten Hoffnungen bei ihm wecken. Ein Ergebnis der Gespräche kann auch darin bestehen, dass er sich vorerst in Geduld üben muss, wobei Sie ihm zugleich zusichern, seine berufliche Weiterentwicklung innerhalb seiner jetzigen Aufgaben zu fördern – etwa ergänzt durch ausgewählte Qualifizierungsmaßnahmen und die Vergabe von attraktiven Sonderaufgaben, in denen er sich beweisen kann. Falls sich später neue Optionen oder Vakanzen in Ihrem Hause ergeben, kann die individuelle Passung unter veränderten Vorzeichen zum gegebenen Zeitpunkt weiter geprüft werden.

Auf den Punkt gebracht

1. Nehmen Sie die geäußerten Karrierewünsche Ihres Mitarbeiters verständnisvoll und wertschätzend auf. Beweisen Sie Souveränität, indem Sie ihm verdeutlichen, dass Sie seine beruflichen Zielvorstellungen nachvollziehen können. Bieten Sie ihm an, sein Anliegen zu einer beruflichen Weiterentwicklung näher zu prüfen und im Rahmen Ihrer Möglichkeiten zu unterstützen.

2. Bitten Sie Ihren Mitarbeiter darum, die gegenwärtige Rollenverteilung – Sie sind der Chef und er ist Ihr Mitarbeiter – zu respektieren. Nur wenn er sich loyal verhält und seine ihm übertragenen Aufgaben engagiert verfolgt, können Sie sich für ihn einsetzen.

3. Sinnvoll ist eine strukturierte Potenzialanalyse, um herauszufinden, welche künftigen Entwicklungsmöglichkeiten für Ihren Mitarbeiter empfohlen werden können. Im Idealfall stellt sich dabei heraus, ob Ihr Mitarbeiter mittelfristig eher für eine verantwortungsvolle Fach- oder eine Führungsposition geeignet ist. Die systematische Qualifizierung und Förderung seiner Kompetenzen kann gemäß dem ermittelten Bedarf ausgerichtet werden.

An Ihrem Verhalten als Chef wird Kritik geübt

Situationsbeschreibung

Ein Mitarbeiter spricht Ihnen gegenüber an, dass Ihr Verhalten als Führungskraft nicht seinen Vorstellungen entspricht. Er ist der Auffassung, dass Sie ihn gegenüber Kollegen benachteiligen. Er äußert sich dahingehend, dass andere Mitarbeiter im Team von Ihnen mehr geschätzt und attraktivere Aufgaben als er erhalten würden. Außerdem hat er den Eindruck, dass Sie ihn vergleichsweise weniger fördern und seine Leistungen im Team nicht genügend anerkennen.

Wie schätzen Sie die Situation als Führungskraft ein?

Zunächst kann es als Vertrauensbeweis gewertet werden, dass Ihr Mitarbeiter Ihnen gegenüber offen anspricht, was ihn stört und was er sich gerne anders wünscht. Es ist keineswegs selbstverständlich, dass Ihnen eine persönliche Rückmeldung zu Ihrem Führungsverhalten in einem Vieraugengespräch gegeben wird. Ihr Mitarbeiter kann letztlich nicht einschätzen, wie Sie darauf reagieren.

Manche Mitarbeiter würden sich in einer ähnlichen Situation gar nicht äußern oder allenfalls hinter vorgehaltener Hand negative Kommentare abgeben. Ein Mitarbeiter, der seinen Chef kritisiert, muss befürchten, dass sein Vorgesetzter das Feedback nicht unbedingt wohlwollend aufnimmt, sondern als Angriff wertet. Unter Umständen rechnet er damit, dass sein Vorgesetzter mit Sanktionen reagiert oder ihn bei einer künftigen Leistungsbeurteilung negativ bewertet. Der Mitarbeiter könnte sich auch Sorgen machen, dass sein Chef deshalb seine weitere Karriere nicht fördert und ihn bei möglichen Beförderungen nicht berücksichtigt. Manche Mitarbeiter haben die Erfahrung gesammelt, dass bewertende Rückmeldungen an Vorgesetzte hinsichtlich ihres Leitungsverhaltens nicht erwünscht sind oder sogar später dem Mitarbeiter zu seinem Nachteil angelastet werden.

In unserem Beispiel ist davon auszugehen, dass der Mitarbeiter Ihnen seine kritischen Einschätzungen direkt und unverblümt mitteilt. Dabei will er auf eine von ihm als misslich empfundene Lage hinweisen: Anscheinend hat er das Gefühl, nicht die ihm gebührende Wertschätzung zu erhalten. Womöglich ist er mit seinen Aufgabenschwerpunkten unzufrieden und erwartet sich eine Veränderung in seinem Tätigkeitsprofil. Es kann sich auch um einen Appell an Sie handeln, sich stärker mit ihm, seinen Wünschen und Erwartungen sowie seiner Rolle im Team auseinanderzusetzen. Vielleicht will Ihr Mitarbeiter sich „etwas Luft verschaffen" und Sie dafür gewinnen, ihm künftig mehr Aufmerksamkeit zu widmen.

Was genau dahintersteckt, ist folglich in einem vertiefenden Gespräch zu klären:

- Ist er vorrangig mit Ihrem Führungsstil und Ihrem Verhalten in der Chefrolle unzufrieden?

- Wünscht er sich andere Aufgaben?

- Fühlt er sich nicht genügend beachtet? Hat er den Eindruck, im Team die undankbaren Tätigkeiten übernehmen zu müssen?

Es kann der Fall auftreten, dass sich in einem vertrauensvollen Gespräch manche Äußerung wieder relativiert: Ihr Mitarbeiter könnte etwa aus einer spontanen, emotional geprägten Verfassung heraus das eine oder andere bemängeln, was er bei genauerem Hinsehen nicht aufrechterhält. Insofern sollten Sie nicht jedes Wort von ihm auf die Goldwaage legen.

Nehmen Sie sich in einer solchen Situation die Zeit, um ausführlich mit Ihrem Mitarbeiter darüber zu sprechen, was zu seiner Unzufriedenheit führt und was er sich anders wünscht. Das vorbehaltlose Gespräch im vertraulichen Rahmen kann an sich schon dazu beitragen, dass er sich von Ihnen angenommen fühlt und erkennt, dass Sie sich ernsthaft mit seinen Eindrücken auseinandersetzen. Vielleicht fühlt er sich auch aufgrund besonderer Umstände am Arbeitsplatz gestresst, weshalb er seinen Unmut Ihnen gegenüber freimütig äußert. Bedenken Sie auch etwaige belastende Ereignisse im außerberuflichen Umfeld, die dazu führen, dass sein Selbstwertgefühl angegriffen ist und er derzeit von Ihnen nicht genügend Wertschätzung wahrnimmt.

Welche Verhaltensmöglichkeiten bestehen für Sie?

Investieren Sie ausreichend Zeit, um in vertiefenden Gesprächen mit Ihrem Mitarbeiter herauszufinden, was er im Einzelnen als störend empfindet. Dazu sind Einfühlungsvermögen, aktives Zuhören und eine genaue Situationsanalyse gefordert. Bevor Sie in Ihrem eigenen Verhalten etwas umstellen oder Veränderungen in der Aufgabenverteilung und in den Abläufen im Team einleiten: Suchen Sie vorrangig nach Ansatzpunkten, wie Sie Ihrem Mitarbeiter den Eindruck vermitteln können, dass er sich künftig stärker respektiert fühlt. Folgendes Vorgehen kann zweckmäßig sein:

- Bedanken Sie sich bei Ihrem Mitarbeiter für seine offenen Worte und bringen Sie ihm gegenüber zum Ausdruck, dass Sie über seine Rückmeldungen und Anregungen sorgfältig nachdenken werden.

- Geben Sie ihm genügend Raum, damit er Ihnen gegenüber im persönlichen, vertrauensvollen Gespräch alles ansprechen kann, was ihn stört oder was er gerne anders hätte. Achten Sie auf die Gesprächsanteile: Hören Sie vergleichsweise mehr zu als selbst zu reden.

- Hinterfragen Sie, warum er in letzter Zeit zu bestimmten Einschätzungen gelangt ist. Bitten Sie ihn um konkrete Beispiele, damit Sie nachvollziehen können, welche Ihrer Verhaltensweisen von ihm kritisch gesehen werden. Verzichten Sie dabei auf eine spontane Gegenargumentation und rechtfertigen Sie sich nicht. Lassen Sie seine Äußerungen auf sich wirken.

- Bitten Sie ihn darum, in einem oder mehreren Folgege-sprächen den Gedankenaustausch weiter zu vertiefen, um gemeinsam darüber nachzudenken, was künftig besser gemacht werden kann.

- Erörtern Sie mit ihm, welche Fragen in einer Teamsitzung unter Einbeziehung der Kollegen vertieft werden können. Unter Umständen ergeben sich Anregungen, die einzelne Teammitglieder oder sogar alle im Team betreffen und, mit seinem Einverständnis, gemeinsam besprochen werden können.

- Arbeiten Sie heraus, welche Veränderungen er selbst ini-tiieren kann, um künftig mit seiner Rolle und seinen Auf-gaben zufriedener zu sein. Vielleicht kommt es darauf an, dass er in bestimmten Situationen von seiner Seite stärker die Initiative ergreift oder Verbesserungsvorschläge im passenden Kontext, z. B. in Arbeitsgruppen, Teamsitzun-gen oder Projekten, einbringt.

- Überprüfen Sie in einem zweiten Schritt gemeinsam mit ihm sein Aufgabenprofil: Gibt es einzelne Tätigkeiten, die er als besonders unangenehm empfindet? Lassen sich einzelne Aufgaben im Team neu verteilen? Sind bestimm-te Prozesse, beispielsweise bei der kundenorientierten Leistungserbringung, zu überprüfen und effektiver aus-zurichten?

Lassen Sie erkennen, dass Sie alle Mitarbeiter im Team gleich behandeln und keinesfalls den Eindruck erwecken wollen, dass Einzelne bevorzugt oder benachteiligt werden. Stellen Sie heraus, dass Ihnen wichtig ist, dass an einem Strang gezogen wird. Würdigen Sie dabei gerade auch sein Enga-gement und seinen persönlichen Leistungsbeitrag.

Was sollten Sie besser vermeiden?

 Ungünstig wäre es, wenn Sie Ihrem Mitarbeiter Vorwürfe für seine Äußerungen machen oder seine Einschätzungen brüsk zurückweisen.

Verzichten Sie darauf, ihn davon zu überzeugen, dass seine Kritikpunkte unbegründet sind. Sie können zwar erläutern, welche Absichten Sie verfolgen und warum Sie sich auf eine bestimmte Art und Weise als Vorgesetzter verhalten. Dies sollte jedoch nicht dazu führen, dass Ihr Mitarbeiter sich nicht ernst genommen fühlt oder den Eindruck gewinnt, dass Sie ihm nicht richtig zuhören.

Selbst wenn die Argumentation Ihres Mitarbeiters für Sie nicht plausibel erscheint, kommt es darauf an, dass Sie versuchen, seinen Standpunkt nachzuvollziehen. Sie bringen damit zum Ausdruck, dass Sie sich für seine Rückmeldungen und Hinweise interessieren und bereit sind, über konstruktive Veränderungsmöglichkeiten nachzudenken.

Es ist wichtig für die Stabilisierung Ihres guten Einvernehmens, dass sich Ihr Mitarbeiter Ihnen gegenüber freiheraus aussprechen kann. Er wird sich eher von Ihnen akzeptiert fühlen, wenn er das Gefühl gewinnt, dass Sie seine Meinung interessiert und Sie sich zugleich offen für seine Kritik zeigen. Insofern ist es wenig erfolgversprechend, wenn Sie ihm gegenüber unvermittelt darlegen, warum seine Einschätzungen nicht zutreffen. Dies könnte eine Abwehrhaltung auf seiner Seite auslösen und zu einer weiteren Eskalation führen. Womöglich sieht er sich in seiner Haltung gerade deshalb noch bestätigt, macht Ihnen gegenüber neue Vorwürfe oder geht mit einem unguten, frustrierten Gefühl aus dem Gespräch.

Auf den Punkt gebracht

1. Ihr Mitarbeiter sollte den Eindruck gewinnen, dass Sie seine Rückmeldungen offen und vertraulich annehmen. Versetzen Sie sich so gut es geht in seine Lage und bemühen Sie sich, seine Sichtweisen durch Empathie und aktives Zuhören näher zu hinterfragen.

2. Verzichten Sie auf vorschnelle Bewertungen oder eine spontane Gegenargumentation. Selbst wenn Sie den Einschätzungen Ihres Mitarbeiters nicht folgen können, kommt es vor allem darauf an, dass er sich Ihnen gegenüber unumwunden aussprechen kann.

3. Lassen Sie unzweifelhaft erkennen, dass Sie die Leistungen Ihrer Mitarbeiter im Team gleichermaßen würdigen. Stellen Sie heraus, dass Sie Ihren Führungsstil gerne überprüfen und kein Interesse daran haben, einzelne Mitarbeiter zu bevorzugen oder zu benachteiligten.

Sie haben eine heikle Teamsitzung zu leiten

Situationsbeschreibung

In Ihrem Team wird seit geraumer Zeit ein sensibles Thema mit einer hohen Tragweite für Ihre Kunden kontrovers diskutiert. Die Fronten haben sich verhärtet und stehen sich nahezu unversöhnlich gegenüber. Ihnen ist es wichtig, dass eine gemeinsame Linie gefunden wird. Sie wollen die anstehende Besprechung effektiv strukturieren und moderieren, damit das Thema zu einer Klärung geführt wird. Ihre Vorgesetzten erwarten von Ihnen ein lösungsorientiertes Konzept, wie Sie mit Ihrem Team einen wirksamen Beitrag zur Steigerung der Servicequalität und Kundenorientierung bei gleichzeitiger Kostensenkung leisten.

Wie schätzen Sie die Situation als Führungskraft ein?

Zum gegenwärtigen Zeitpunkt haben sich in Ihrem Team zwei Parteien gebildet. Nach ausführlicher Diskussion in mehreren Gesprächsrunden ist eine Entscheidung gefordert, die Sie so treffen möchten, dass Ihr Team einen Weg einschlägt, der von allen mitgetragen wird. Am liebsten wäre es Ihnen, wenn sich durch eine lösungsorientierte Erörterung ein Ansatz ergibt, den alle als Konsens mittragen. Deshalb wollen Sie in einer abschließenden Besprechung allen Teammitgliedern die Chance geben, ihre Sichtweisen vorzustellen und dann zu einer raschen Klärung kommen.

Ihre Überlegungen zielen in die Richtung, dass sich vielleicht noch ein „Königsweg" finden lässt, dem sich sämtliche Teammitglieder anschließen. Sie wollen deshalb an Ihre Mitarbeiter appellieren, aufeinander zuzugehen, da eine Entscheidungsfindung kurzfristig erforderlich ist. Weitere Diskussionen können Sie sich nicht leisten: Ihre Vorgesetzten rechnen mit Ihrem baldigen, verbindlichen Entschluss. Nach Ihrer Einschätzung wurden die kontroversen Meinungen schon recht lange ausgetauscht, sodass nun Klarheit geschaffen werden muss.

Ihre Teammitglieder erwarten von Ihnen, dass sie in die Entscheidungsfindung einbezogen werden und nicht eine autoritäre „Weisung von oben" erfolgt. Ihnen ist jedoch bewusst, dass Diskussionen im Team auch Grenzen haben. Nicht immer lässt sich eine einmütige Meinungsbildung erreichen. Dennoch wollen Sie einen letzten Versuch wagen, um alle ins Boot zu holen. Sie behalten sich vor, auch eine verbindliche Entscheidung gemäß Ihrer Führungsverantwortung zu treffen, wenn sich im anstehenden Meeting kein Kompromiss finden lässt.

Welche Verhaltensmöglichkeiten bestehen für Sie?

In der bevorstehenden Teambesprechung bietet es sich an, dass Sie die abweichenden Positionen deutlich herausarbeiten und die Vor- und Nachteile der alternativen Lösungsansätze näher beschreiben. Dazu können Sie folgendermaßen vorgehen:

• Sie informieren Ihre Mitarbeiter im Vorfeld der Sitzung, dass das lange Zeit kontrovers diskutierte Thema zu einer

Entscheidung geführt werden muss. Dazu bitten Sie jeden, sich dazu Gedanken zu machen und sich so vorzubereiten, dass die eigenen Argumente pointiert vorgestellt werden können.

- Sie beschreiben die Handlungsalternativen und bitten Ihr Team darum, eine Einschätzung zu treffen: Welche Chancen bieten die unterschiedlichen Lösungsansätze? Welche Risiken sind damit verbunden? Welche Konsequenzen hat die Umsetzung für die Beteiligten? Welche Auswirkungen sind im Hinblick auf die funktionalen Abläufe zu erwarten? Wie können Wirtschaftlichkeit und Kosteneffizienz gesteigert werden?

- Die Pro- und Kontra-Argumente werden anschaulich gegenübergestellt, z. B. anhand von Flipchart, Pinnwänden oder einer computergestützten Visualisierung.

- Sie bitten Ihr Team um eine Einschätzung, ob es einen Lösungsansatz geben kann, um die noch unversöhnlich gegenüberstehenden Positionen zu einer vermittelnden Klärung zu führen. Dazu bitten Sie um Vorschläge, Anregungen und Ideen, um gegebenenfalls eine innovative Lösung zu finden.

- Sie wirken auf eine sachliche, geordnete und ergebnisorientierte Diskussion hin, indem Sie die kontroversen Punkte nacheinander erörtern. Dabei verstehen Sie sich als Moderator und Impulsgeber, damit Ihre Teammitglieder die Gelegenheit erhalten, die einzelnen Positionen konstruktiv vorzustellen.

- Sie treffen eine finale Entscheidung – auch dann, wenn es aus dem Team heraus zu keiner zufriedenstellenden

Lösung kommt. Dabei unterstreichen Sie Ihre Verantwortung als Führungskraft, für das Ergebnis und die Folgen einstehen zu müssen. Ihre Sichtweise begründen Sie ausführlich, damit sie von allen nachvollzogen werden kann.

- Sie appellieren an alle Beteiligten, die getroffene Entscheidung zu respektieren und sich im Nachgang für die konsequente Umsetzung zu engagieren. Bei Vorbehalten bieten Sie Einzelgespräche an.

Eine solche Vorgehensweise ist idealtypisch dargestellt. Je nach Sachverhalt, Teamsituation und Tragweite der Entscheidung können auch andere Vorgehensweisen sinnvoll sein. Letztendlich hängt dies von den konkreten Positionen im Einzelfall ab. Wesentlich ist, dass Sie fußend auf einem partizipativen Führungsverständnis Ihr Team weitgehend in die Lösungsfindung einbeziehen, ohne jedoch Ihre eigene Verantwortung in Frage zu stellen. Als Vorgesetzter haben Sie dafür gerade zu stehen, welche Konsequenzen aus Ihrer Entscheidung resultieren: Sie haben den eingeschlagenen Weg gegenüber Ihren Vorgesetzten und den Kunden zu vertreten. Deshalb sind Sie gehalten, zu handeln, selbst wenn sich kein Konsens im Team finden lässt.

Was sollten Sie besser vermeiden?

Brechen Sie den Klärungsprozess im Team nicht vorschnell ab, etwa indem Sie vor einer ausführlichen Diskussion bereits eine Entscheidung in eine bestimmte Richtung nahelegen.

Respektieren Sie die fachliche Kompetenz Ihrer Mitarbeiter und deren Anspruch, die eigenen Argumente darzulegen und kontrovers zu diskutieren. Wenn Sie kompetente Experten in Ihrem Team haben, sollten Sie deren Meinung hören.

Falls die Auffassungen der Fachkräfte in Ihrem Team deutlich auseinandergehen und trotz vertieftem Austausch der Sichtweisen kein geschlossenes Meinungsbild erzielt wird, hilft eine halbherzige Mehrheitsentscheidung nicht weiter. Vermeiden Sie Abstimmungen, wenn Sie eine klar gefasste eigene Position zu dem kontroversen Thema haben. Sie begeben sich in eine heikle Lage, wenn Sie später gegenüber Ihren Vorgesetzten argumentieren, dass Sie einer Mehrheitsentscheidung in Ihrem Team Folge leisten wollen. Man wird von Ihnen erwarten, dass Sie Ihren Standpunkt als verantwortlicher Vorgesetzter dezidiert vortragen. Im Falle eines etwaigen Misslingens können Sie die Konsequenzen nicht auf das Team abwälzen: Sie sind derjenige, der später zur Rechenschaft gezogen wird. Unter Einbeziehung der strategischen Zielsetzungen und Kundenerwartungen werden Sie um eine wirtschaftlich vertretbare Positionierung gebeten. Wenn Sie hinter einer Entscheidung nicht gut begründet stehen, können Sie diese nicht überzeugend vortragen. Dies kann auch eine unbequeme Entscheidung Ihrerseits nahelegen, die nicht von einer Mehrheit in Ihrem Team vertreten wird.

Eine Ausnahme liegt vor, wenn die vorgetragenen, alternativen Lösungsvorschläge Ihres Erachtens gleichwertig sind und keine zwingende Präferenz für einen bestimmten Weg besteht. Dies setzt voraus, dass Sie die vorgestellten Lösungswege gleichermaßen mit beschreiten können. Sofern sich keine gemeinsame Linie in der Besprechung finden lässt, liegt es nahe, gemäß den Vorschlägen Ihres Teams bzw. Ihrer Spezialisten denjenigen Weg auszuwählen, der am ehesten mit der übergeordneten Zielsetzung kompatibel ist.

Auf den Punkt gebracht

1. Gestalten Sie das anstehende Meeting so, dass alle Standpunkte vorbehaltlos gehört werden. Stellen Sie die Vor- und Nachteile der unterschiedlichen Positionen anschaulich gegenüber.

2. Bitten Sie die Beteiligten darum, aufeinander zuzugehen. Suchen Sie gemeinsam mit Ihrem Team nach einer die unterschiedlichen Sichtweisen verbindenden Lösung. Fordern Sie dazu auf, im Interesse der Kunden auch nach unkonventionellen und innovativen Wegen zu suchen.

3. Treffen Sie von Ihrer Seite eine klare Entscheidung am Ende des Meetings. Berücksichtigen Sie dabei das Primat des wirtschaftlichen Handelns und die Erwartungen Ihrer Vorgesetzten. Sie sind gehalten, denjenigen Lösungsansatz herauszugreifen, den Sie selbst nach außen vertreten können.

Ein Mitarbeiter hat möglicherweise betriebliche Regelungen nicht beachtet

Situationsbeschreibung

Ein Mitglied Ihres Teams macht Ihnen gegenüber Andeutungen, dass ein anderer Mitarbeiter im Hause Sie getäuscht haben könnte und sich womöglich persönliche Vorteile verschafft hat. Ein Arbeitsauftrag in einem Projekt sei von dem Betreffenden nicht ordnungsgemäß ausgeführt worden.

Wie schätzen Sie die Situation als Führungskraft ein?

Einen solchen Hinweis gilt es ernst zu nehmen und näher zu analysieren. Zunächst steht eine These im Raum, die einer Überprüfung bedarf. Wenn ein solcher Verdacht ausgesprochen wird, kann dies auch eine spekulative Annahme desjenigen sein, der Ihnen diese Information übermittelt. Voreilige Schlüsse und unbedachtes Handeln sind zu vermeiden. Zunächst gilt die Unschuldsvermutung. Es kann sich um eine unbegründete Behauptung, einen Irrtum, eine Verwechslung oder eine Fehlinterpretation handeln.

Es ist zu klären, welche betrieblichen Regelungen in dem betreffenden Fall maßgebend sind und inwieweit diese tatsächlich nicht beachtet wurden. Kritisch zu hinterfragen ist, ob der beschuldigte Projektmitarbeiter wissentlich die angesprochene Organisationsanweisung missachtet hat. Be-

sonders sensibel ist die Klärung der Frage, ob er sich gegebenenfalls daraus einen persönlichen Vorteil verschafft hat.
Dies könnte eine hohe Tragweite besitzen und sowohl einen
Schaden für Ihr Unternehmen nach sich ziehen als auch
die Vertrauensbeziehung zu diesem Mitarbeiter nachhaltig
belasten. Unter Umständen hätte dies arbeitsrechtliche Konsequenzen, sofern die Behauptungen zutreffen.

An dieser Stelle soll jedoch nicht auf Rechtsfragen einge-
gangen, sondern vorrangig die Frage gestellt werden, wie
Sie aus dem Blick des Vorgesetzten mit der aufgestellten
Behauptung durch ein Teammitglied umgehen. Dieser Mitarbeiter, der Sie persönlich informiert hat, ist sich wahrscheinlich der Tragweite seiner Anschuldigung bewusst. Unter
Umständen hat er aber auch unbedarft eine Mutmaßung
in den Raum gestellt, ohne weiter darüber nachzudenken,
welche Folgen dies für den Betreffenden haben könnte.

Welche Verhaltensmöglichkeiten bestehen für Sie?

Führen Sie zeitnah ein ausführliches Gespräch mit dem Mitarbeiter, der dem Kollegen in der Projektgruppe ein Fehlverhalten unterstellt hat. Bitten Sie ihn um eine genaue Schilderung des Sachverhaltes. Lassen Sie sich am besten anhand
von Unterlagen, schriftlichen Belegen, nachvollziehbaren
Fakten und zweifelsfreien Beobachtungen erläutern, was
ihn zu den aufgestellten Behauptungen veranlasst. Verdeutlichen Sie Ihrem Mitarbeiter, dass Sie seinen Angaben nach-
gehen werden, es aber zum gegenwärtigen Zeitpunkt für
Sie noch keine Veranlassung gibt, davon auszugehen, dass

der betreffende Projektmitarbeiter sich eines Fehlverhaltens schuldig gemacht hat. Möglicherweise ergibt die nähere Prüfung der Umstände, dass Ihr Mitarbeiter sich getäuscht hat und den Kollegen zu Unrecht bezichtigt hat.

Sofern der Beschuldigte ebenfalls ein Mitarbeiter Ihres eigenen Teams ist, können Sie im Nachgang das Gespräch mit dem Betreffenden suchen. Falls es sich jedoch um einen Projektmitarbeiter handelt, der in einem anderen Bereich angesiedelt ist, liegt es nahe, den Vorgesetzten dieses Projektmitarbeiters anzusprechen und ihn über die Vermutungen zu informieren. Gemeinsam mit dem Vorgesetzten des Nachbarbereichs kann dann über das weitere Vorgehen beraten werden. Unter Umständen lässt dieser Vorgesetzte neue Informationen einfließen, die seinen Mitarbeiter entlasten. Vielleicht wird er auch unmittelbar das Gespräch mit seinem Mitarbeiter suchen, um sich seinerseits ein Bild der Lage zu machen.

Zu hören ist ebenfalls der Leiter des Projektes, der für die Steuerung des Arbeitsauftrages zuständig ist: Hat er Auffälligkeiten oder gar Unregelmäßigkeiten bemerkt? Wie steht er zu den Behauptungen Ihres Teammitglieds über das Verhalten des Projektmitarbeiters? Kann er möglicherweise von seiner Seite die Anschuldigungen entkräften und den Sachverhalt aufklären? Möglicherweise hat der Projektleiter im Rahmen seiner Projektverantwortung bestimmte Weisungen und Aufträge erteilt, die Ihrem eigenen Mitarbeiter nicht bekannt waren. Nach wie vor ist von der Unschuld des Projektmitarbeiters auszugehen.

Sie können mit dem Vorgesetzten des Nachbarbereichs beraten, welche weiteren Gespräche zweckmäßigerweise zu führen sind. Des Weiteren sind die Vorgesetzten der nächsthöheren Ebene einzubeziehen, wenn sich tatsächlich Anhaltspunkte für Unregelmäßigkeiten im Verhalten des betreffenden Projektmitarbeiters ergeben. Dies hängt vom Stellenwert des möglichen Fehlverhaltens für das gesamte Unternehmen ab. Selbst wenn sich die Anschuldigungen später als unbegründet herausstellen, sind Sie damit frühzeitig Ihrer Verantwortung gerecht geworden, ein mutmaßliches Fehlverhalten in Ihrem mittelbaren oder unmittelbaren Zuständigkeitsbereich aufgezeigt zu haben. Falls Sie Ihren eigenen Vorgesetzten nicht informieren und sich später herausstellt, dass die Anschuldigungen Ihres Mitarbeiters begründet waren, könnte Ihnen zögerliches Verhalten und Missachtung eigener Informationspflichten vorgeworfen werden. Kritisch für Sie wäre insbesondere die Einschätzung Ihrer Vorgesetzten, dass Sie den Sachverhalt bagatellisieren und mögliche Konsequenzen für das Unternehmen nicht korrekt bewertet haben.

Falls der Beschuldigte ein Mitarbeiter Ihres Teams ist, sind Sie gehalten, schnellstmöglich mit ihm ein Gespräch zu führen. Dabei gilt es, in fairer und sachlicher Art die Vorwürfe zu konkretisieren und ihn um eine Stellungnahme zu bitten. Falls der Betreffende die Frage stellt, von wem Ihnen diese Informationen zugetragen wurden, sollten Sie darauf achten, dass Sie ohne Nennung von Dritten um seine eigene Darstellung des Sachverhaltes bitten. Es sei denn, der Mitarbeiter, der Sie informiert hat, wünscht ausdrücklich, dass er in diesem vertraulichen Gespräch unter vier Augen als Ihr Informant genannt wird. Dies dürfte jedoch eher die Ausnahme sein.

Was sollten Sie besser vermeiden?

> Eine unbegründete Beschuldigung oder gar Vorverurteilung des betreffenden Projektmitarbeiters ist aufgrund des gegenwärtigen Sachstands nicht angemessen. **!**

Wenn unbewiesene Behauptungen vorgetragen werden, bedeutet dies zunächst nur, dass dem Sachverhalt nachzugehen ist. Ergeben sich jedoch tatsächlich Verdachtsmomente, ändert sich die Sachlage. In diesem Falle sind umgehend von Ihrer Seite die relevanten Ansprechpartner, Vorgesetzten und Weisungsbefugten einzubeziehen. Wenn beispielsweise Projektergebnisse verfälscht wurden oder persönliche Vorteile aus einer Missachtung von betrieblichen Arbeitsanweisungen gezogen wurden, hat dieses Fehlverhalten einen weit reichenden Stellenwert für das Unternehmen: Möglicherweise sind unerwünschte Wirtschaftlichkeits- und Kosteneffekte oder auch Nachteile für Kunden entstanden. Es kann indirekt ein Schaden für Ihr Unternehmen beispielsweise im Umfeld des Projektes aufgetreten sein, den Sie derzeit noch nicht näher abschätzen können. Zu klären ist, inwieweit der Betreffende für ein eventuelles Fehlverhalten oder einen Vertrauensbruch zur Rechenschaft zu ziehen ist.

Obwohl Sie mit dem möglichen Fehlverhaltens nichts zu tun haben, werden Sie womöglich rasch selbst zum Beschuldigten:

• Warum haben Sie gezögert, den aufgestellten Behauptungen unmittelbar nachzugehen?

- Warum haben Sie nicht bereits frühzeitig etwas zur Aufklärung beigetragen?

- Wieso wurden die relevanten Ansprechpartner in Ihrem Hause nicht zeitnah darüber informiert, dass Ihnen Unregelmäßigkeiten zu Ohren gekommen sind?

Verhindern Sie, dass der sensible Sachverhalt noch weitere Kreise zieht. Gefordert ist insofern vorbeugendes Handeln Ihrerseits, um derzeit noch nicht vorsehbare, unerwünschte Folgen für Ihre Firma und womöglich unangenehme Auswirkungen für Ihre Kunden abzuwenden.

Auf den Punkt gebracht

1. Gehen Sie den Behauptungen Ihres Mitarbeiters unverzüglich nach. Hören Sie dazu die Sicht des Beschuldigten. Womöglich stellt sich heraus, dass es sich um einen Irrtum handelt und die aufgestellten Behauptungen unbegründet waren. Gehen Sie von der Unschuldsvermutung aus.

2. Falls sich die Verdachtsmomente jedoch erhärten, tragen Sie die Verantwortung dafür, weiter aufzuklären und dabei die relevanten Ansprechpartner in Ihrem Hause unmittelbar einzubeziehen. Dies erfordert vorrangig eine zügige und präzise Information der jeweiligen Vorgesetzten.

3. Üben Sie einerseits Zurückhaltung, um den aufgestellten Behauptungen vertraulich und sorgfältig nachzugehen. Verfolgen Sie andererseits konsequent erste Verdachtsmomente, um ein mutmaßliches Fehlverhalten schonungslos aufzudecken. Dies erfordert von Ihnen viel Fingerspitzengefühl und eine ausgesprochen achtsame Gesprächsführung, um nicht das Vertrauensverhältnis zu einzelnen Mitarbeitern in Ihrem Team unbegründet zu belasten.

Sie sind gehalten, Kosten zu senken und noch wirtschaftlicher zu handeln

Situationsbeschreibung

Aufgrund ungünstiger Umfeldbedingungen wird eine Kostensenkungsmaßnahme im Unternehmen eingeleitet, was dazu führt, dass auch Ihr Budget beschnitten wird. Ursprünglich geplante Stellen in Ihrem Team können nicht neu- oder nachbesetzt werden. Vorgesehene Anschaffungen sind bis auf das Nötigste zurückzustellen. Ihre Geschäftsleitung erwartet, dass die angespannte Lage sich bald wieder normalisiert, wenn weiterführende Maßnahmen zur strukturellen Neuausrichtung des Unternehmens wirksam werden.

Wie schätzen Sie die Situation als Führungskraft ein?

Die Geschäftsleitung hat aufgrund neuer Umfeldbedingungen, insbesondere eines verschärften Wettbewerbsumfeldes, einer zurückhaltenden Geschäftsentwicklung und einer konjunkturellen Abschwächung die Vorgabe gemacht, unternehmensweit Kosten zu senken. Dies bedeutet, dass Sie für Ihren Verantwortungsbereich geeignete Schritte einleiten müssen. Ihnen ist bewusst, dass dies in einzelnen Feldern Einschnitte zur Folge hat und dadurch auch einige Ihrer ursprünglichen Planungen zu revidieren sind.

Ihre Mitarbeiter werden die übergeordnete Weichenstellung wahrscheinlich zurückhaltend aufnehmen. Selbst wenn die

Arbeitsplätze gesichert sind, können Sorgen und Ängste aufkommen:

- Was bedeutet dies für mich persönlich? Werden die angekündigten Einschnitte mich und mein Arbeitsumfeld unmittelbar betreffen?

- Welche Auswirkungen hat dies auf meine künftige berufliche Entwicklung im Hause? Ergeben sich Nachteile für meine Karriere?

- Verschlechtern sich die Arbeitsbedingungen und könnte meine Arbeitszufriedenheit darunter leiden?

Solche und ähnliche Gedanken gehen den Mitarbeitern wahrscheinlich durch den Kopf. Selbst wenn Sie als Führungskraft die Notwendigkeit der geplanten Maßnahmen gut begründen und verdeutlichen, dass keine dramatischen Konsequenzen zu erwarten sind, kann sich rasch eine gedrückte Stimmung im Team verbreiten. Ihre Mitarbeiter werden womöglich befürchten, dass die Kostensenkungsmaßnahme zu ihren Lasten geht.

Insofern hängt viel davon ab, wie Sie die anstehenden Sparmaßnahmen ankündigen und welche Folgerungen Sie daraus ableiten. Sie sind vorrangig gefordert, das weitere Vorgehen verständlich zu kommunizieren und Ihre Mitarbeiter dafür zu gewinnen, die nötigen Maßnahmen engagiert mitzutragen. Maßgebend ist, wie gut es Ihnen gelingt, trotz schwieriger Umfeldbedingungen Perspektiven aufzuzeigen und Chancen der strukturellen Neuausrichtung zu verdeutlichen: Etwa indem Sie aufzeigen, dass die erfolgreiche Umsetzung des neuen Kurses dazu beiträgt, Arbeitsplätze zu erhalten und die Existenz Ihres Unternehmens langfristig zu sichern.

Ein wesentliches Ziel besteht für Sie darin, Ihr Team aktiv in die im eigenen Bereich nötige Aktivitätenplanung einzubinden. Es gilt, Ihre Mitarbeiter davon zu überzeugen, dass durch konsequentes gemeinsames Handeln im Sinne der neuen Unternehmensstrategie die derzeitige Phase der Unsicherheit überwunden werden kann. Wenn alle dazu beitragen, in ihrem eigenen Zuständigkeitsbereich noch wirtschaftlicher zu arbeiten, kann die Verwirklichung des neuen Programmes gelingen. Sie rechnen jedoch damit, dass etliche Barrieren und Widerstände zu überwinden sind.

Sie stellen sich darauf ein, dass einzelne Mitarbeiter Vorbehalte haben, den Nutzen der vorgesehenen Maßnahmen anzweifeln oder nur zögerlich an die Realisierung herangehen. Sie erhoffen sich jedoch, dass erste Erfolge bei der Umsetzung neuen Mut machen und Ihre Mitarbeiter dadurch motiviert werden, weiter gemeinsam mit Ihnen an einem Strang zu ziehen. Allerdings rechnen Sie auch damit, dass persönliche Härten entstehen können, die den Einzelnen zusätzlich belasten. Beispiele hierfür lauten:

- eine erhöhte zeitliche Beanspruchung im Tagesgeschäft und die Notwendigkeit von Überstunden;

- Bereitschaft, als unangenehm erlebte Zusatzaufgaben übernehmen zu müssen, z. B. aufgrund von knapper Personalkapazität;

- zusätzliche Stressmomente, die aufgrund von Arbeitsverdichtung und einer Straffung von Prozessen im Team zu erwarten sind;

- noch nicht genau absehbare Einschränkungen für einzelne Teammitglieder, die aus dem übergreifenden Sparkurs resultieren.

Insofern sind Sie gefordert, die Unausweichlichkeit der anstehenden Einschnitte zu erläutern und sich genügend Zeit für Mitarbeiter- und Teamgespräche zu nehmen. Im günstigen Falle gelingt es Ihnen, durch eine wohl durchdachte Maßnahmengestaltung gemeinsam mit Ihrem Team mögliche Unannehmlichkeiten auf ein Minimum zu reduzieren.

Welche Verhaltensmöglichkeiten bestehen für Sie?

Im Rahmen einer oder mehrerer Teambesprechungen, bei denen Sie alle Mitarbeiter einbeziehen, erläutern Sie die Entscheidungen Ihrer Geschäftsleitung und liefern überzeugende Begründungen dafür, warum das Sparprogramm durchgeführt werden muss. Sie verdeutlichen, dass Sie keinen Handlungsspielraum besitzen und an die übergeordneten Weisungen gebunden sind. Dabei machen Sie verständlich, dass es keine Alternativen zu dem verabschiedeten Kostensenkungsprogramm gibt. Sie erläutern, dass alle Bereiche im Hause gehalten sind, ihren eigenen Beitrag zu leisten. Des Weiteren machen Sie plausibel, dass die anstehenden Maßnahmen – nach Ihrem derzeitigen Kenntnisstand – nicht die Arbeitsplätze gefährden und auf einen überschaubaren Zeitraum befristet sind.

Welche Zusagen Sie im Einzelnen machen können, hängt von den Absprachen und Vereinbarungen im Unternehmen ab: beispielsweise im Hinblick auf Arbeitsplatzgarantien oder die zeitliche Erstreckung des Programms. Verzichten Sie auf unrealistische Versprechungen und wecken Sie keine Erwartungen, die Sie nicht erfüllen können. Dies gefährdet Ihre Glaubwürdigkeit und bringt Sie unter Umständen später in eine schwierige Lage – etwa wenn Sie getroffene Aussagen wieder korrigieren müssen. Äußern Sie deshalb nur, was Sie guten Gewissens zum jeweiligen Zeitpunkt zusagen können.

Beziehen Sie Ihr Team in die Ausarbeitung der anstehenden Maßnahmen in Ihrem Verantwortungsbereich direkt ein: Zeigen Sie beispielsweise auf, in welchen Arbeitsfeldern Einsparungen vorzunehmen sind und bitten Sie Ihre Mitarbeiter dazu auch um eigene Vorschläge. Legen Sie den Schwerpunkt auf eine künftig gesteigerte Wirtschaftlichkeit, nicht nur auf das Senken von Kosten. Dies beinhaltet, dass neue Ideen entwickelt werden, wie Abläufe vereinfacht, Kundenwünsche besser erfüllt und Serviceleistungen ausgebaut werden können. Das Veränderungsprogramm sollte nicht zu einer Verschlechterung der Produktqualität oder einer Senkung der Kundenzufriedenheit führen.

Deshalb sind solche Maßnahmen zu bevorzugen, die unnötige, überflüssige oder ineffiziente Prozesse einschränken helfen. Machen Sie Ihren Mitarbeitern plausibel, dass es darauf ankommt, „Ballast abzuwerfen" und nicht etwa die Leistungen für den Kunden zu beschneiden. Wenn die spätere Maßnahmenumsetzung womöglich dazu führt, dass die Kunden dies für sich als Nachteil erleben, kann das Programm kaum erfolgreich verlaufen. Halten Sie dies Ihrem Team vor Augen und werben Sie dafür, dass jeder intensiv darüber nachdenkt, was er in seinem persönlichen Arbeitsumfeld beitragen kann.

Besprechen Sie in Vieraugengesprächen mit jedem Mitarbeiter, welchen Beitrag er in seinem Arbeitsumfeld leisten kann. Dazu kann es sinnvoll sein, beispielsweise getroffenen Zielvereinbarungen und die individuellen Aufgabenschwerpunkte näher in den Blick zu nehmen:

- Sind Veränderungen im persönlichen Tätigkeitsprofil sinnvoll?

- Sollten Ziele oder vereinbarte Meilensteine neu justiert werden?

- Welche Maßnahmen kann der jeweilige Mitarbeiter von seiner Seite aus initiieren, um zum Erreichen der Wirtschaftlichkeitsziele beizutragen?

- Ergeben sich neue, herausfordernde Aufgabenstellungen, die trotz des restriktiven Umfeldes unter dem Blickwinkel der Personalentwicklung für Ihre Mitarbeiter attraktive Perspektiven aufzeigen? Beispiele lauten: Mitarbeit in Projektgruppen zur Steigerung der Kosteneffizienz, neue Konzeptentwicklungen im Rahmen des Change-Programmes, Mitwirkung in einem Veränderungsnetzwerk, bei dem hausinterne und externe Kollegen, z. B. von Kunden- und Lieferanten, gemeinsam an Fragen der Prozessoptimierung arbeiten?

Ihre Mitarbeiter können eigene Impulse in laufende Projektarbeiten einbringen oder auch von dort neue Anregungen erhalten, die Sie wiederum in ihrem eigenen Verantwortungsbereich umsetzen. Zu beachten ist, dass Vorschläge zur Neuordnung von Prozessen, Arbeitsformen oder kundenorientierten Serviceleistungen meist die Einbeziehung übergeordneter Entscheidungsträger erfordern. Hierzu leiten

Sie bevorzugt selbst die nötigen Weichenstellungen ein, damit Ihre Mitarbeiter nicht aufgrund von fehlenden eigenen Entscheidungskompetenzen an Grenzen bei der zeitnahen Umsetzung stoßen.

Was sollten Sie besser vermeiden?

> Entscheidend für das Gelingen des Gesamtvorhabens ist Ihr eigenes Kommunikationsverhalten. **!**

Wenn Sie zu spät, lückenhaft oder gar nicht informieren, haben Ihre Mitarbeiter wahrscheinlich das Gefühl, dass Sie nicht alle Karten offen auf den Tisch legen. Unglücklich wäre es, wenn der Eindruck entstünde, dass Sie unangenehme Informationen zurückhalten oder Ihren Mitarbeitern nur die halbe Wahrheit mitteilen. Geben Sie allen zeitnahe, realistische Informationen über die bevorstehende Maßnahmenplanung.

Setzen Sie Ihr Team am besten über verbindlich getroffene Entscheidungen und Erwartungen der Geschäftsleitung in Kenntnis und verzichten Sie auf Spekulationen. Übersetzen Sie die Vorgaben in die Sprache Ihrer Mitarbeiter und zeigen Sie auf, was dies konkret für die nächste Zeit bedeutet. Veranschaulichen Sie die Zielsetzungen und untermauern Sie diese bevorzugt mit gut nachvollziehbaren Beispielen. Vermeiden Sie es, zu dramatisieren und einseitig nur positive oder negative Konsequenzen aufzuzeigen.

Wahrscheinlich hängen weitere Maßnahmen zu späterem Zeitpunkt davon ab, wie das Kostensenkungsprogramm anläuft und wie die Wirksamkeit der einzelnen Schritte ausfällt.

Lassen Sie sich nicht in eine „Was wäre wenn …"-Diskussion verstricken, bei der hypothetisch vage Eventualitäten diskutiert werden, z. B. wenn sich die eingeleiteten Aktivitäten mittel- oder langfristig als nicht zielführend erweisen. Im Falle eines etwaigen Scheiterns ist Ihre Geschäftsleitung gefordert, neue Prioritäten zu setzen. Welches Szenario daraus erwächst, ist jedoch im Vorhinein für Sie und Ihr Team kaum abschätzbar. Insofern ist es müßig, darüber über Gebühr Vermutungen anzustellen und dadurch ein pessimistisches Zukunftsbild heraufzubeschwören.

Auf den Punkt gebracht

1. Verdeutlichen Sie Ihrem Team, welche übergeordneten strategischen Überlegungen dazu geführt haben, ein Veränderungsprogramm zur Steigerung der Wirtschaftlichkeit aufzusetzen. Informieren Sie Ihre Mitarbeiter präzise, verständlich und mit unmittelbarem Bezug zu Ihrem eigenen Verantwortungsbereich.

2. Zeigen Sie auf, warum jeder gefordert ist, in seinem eigenen Arbeitsfeld nach Optimierungsmöglichkeiten zu suchen. Erläutern Sie, dass es darauf ankommt, aufgrund veränderter Rahmenbedingungen und Marktanforderungen eingeschliffene Verhaltensweisen zu überprüfen.

3. Das Gelingen des Gesamtprogramms entscheidet über den Erhalt der Arbeitsplätze und die Zukunftssicherheit des Unternehmens. Je stärker die Mitarbeiter in Ihrem Team eigeninitiativ bei der Umsetzung mitwirken, desto höher ist die Erfolgswahrscheinlichkeit, ohne dass harte Einschnitte oder restriktive Eingriffe von außen nötig werden.

Ihr Vorgesetzter verfolgt ehrgeizige Ziele

Situationsbeschreibung

Sie haben das Gefühl, dass Ihr Vorgesetzter mehr von Ihnen erwartet, als Sie derzeit leisten können. In einem Statusgespräch verdeutlicht er Ihnen, dass aus Ihrem Bereich ein noch stärkerer Beitrag zum Erreichen der strategischen Unternehmensziele erfolgen sollte. Er bringt Ihnen gegenüber zum Ausdruck, dass er mit Ihren Leistungen insgesamt zufrieden ist. Allerdings wünscht er sich ein intensiveres Engagement bei der Verfolgung übergreifender Ziele und neue, innovative Lösungen aus Ihrem eigenen Verantwortungsbereich.

Wie schätzen Sie die Situation als Führungskraft ein?

Bei nüchterner Betrachtung der Rückmeldungen Ihres Vorgesetzten können Sie erkennen, dass Ihre bisher erzielten Ergebnisse grundsätzlich den gestellten Anforderungen entsprechen. Es ist folglich nicht davon auszugehen, dass er mit der Art, wie Sie etwa ihr Team führen, nicht einverstanden ist. Allerdings lässt er erkennen, dass er künftig mehr von Ihnen erwartet. Insofern liegt es an Ihnen, herauszuarbeiten, in welchen Feldern Ihr Vorgesetzter einen zusätzlichen Leistungsbeitrag von Ihnen wünscht:

• Macht er sich Sorgen, dass zum Ende des Geschäftsjahres die Schlüsselziele nicht erreicht werden?

- Gibt es Zielvereinbarungen, bei denen eventuell unterjährige Meilensteine verfehlt wurden?

- Wie stellen sich seine Erwartungen im Einzelnen dar, wenn er von einem „stärkeren Engagement für die strategischen Ziele" oder von „innovativen Lösungen" spricht?

- Sehen Sie für sich selbst noch Spielräume, um in einzelnen Anforderungsfeldern ein besseres Ergebnis zu erzielen?

- Haben Sie den Eindruck, dass Sie bereits an Ihren Kapazitätsgrenzen angelangt sind und deshalb nicht mehr leisten können? Fühlen Sie sich überfordert?

- Wie stellt sich die Situation in Ihrem Team dar? Haben Ihre Mitarbeiter noch freie Kapazitäten oder lässt sich die Teamarbeit effektiver organisieren?

- Können Sie zusätzliche Ressourcen abrufen, um die Zielverfolgung zu intensivieren und mehr wirtschaftliche Effizienz zu erzielen?

Solche und ähnliche Fragen gilt es selbstkritisch zu prüfen. Wenn Ihr Vorgesetzter den Eindruck gewonnen hat, dass Sie seine Erwartungen nur teilweise erfüllen, besteht Handlungsbedarf. Sie können seine Ansprüche nicht ignorieren oder als überzogen einstufen. Die Erfüllung seiner Erwartungen ist letztendlich auch maßgebend dafür, dass er Ihre Leistungen in der Leitungsfunktion positiv bewertet.

Hinterfragen Sie deshalb seine Vorstellungen, in welchen Handlungsfeldern er sich einen zusätzlichen Beitrag von Ihnen erhofft. Klären Sie, ob es sich nur um vage Anregungen oder Wunschvorstellungen handelt, oder ob es verbindliche Vorgaben sind, an die Sie sich zu halten haben. Wenn Sie die

Ziele am Jahresende verfehlen, wird eine eher ungünstige Situation für Sie entstehen, sodass rasches Gegensteuern nötig ist. Streben Sie deshalb im weiteren Dialog mit ihm an, seine Zielvorstellungen weiter zu präzisieren, sodass Sie erkennen können, was er genau von Ihnen erwartet. Es liegt vorrangig an Ihnen, darüber nachzudenken, wie Sie es Ihnen gelingt, seine Erwartungen zu erfüllen – etwa indem Sie ihm geeignete Wege zur Zielerreichung in einem gesonderten Konzeptvorschlag aufzeigen. Ihr Vorgesetzter wird Gründe haben, warum er Ihnen zutraut, mehr zu leisten.

Welche Verhaltensmöglichkeiten bestehen für Sie?

Überprüfen Sie Ihre Prioritätensetzung und Ihre bisherige Arbeitsweise, wenn Ihr Vorgesetzter Ihnen gegenüber deutlich zum Ausdruck bringt, dass er von Ihnen mehr erwartet. Sie können nicht argumentieren, dass Sie schon das maximal Mögliche leisten. Ihr Vorgesetzter hat anscheinend den Eindruck gewonnen, dass der Leistungsbeitrag Ihres Teams noch nicht ausreichend ist. Er wird selbst an seiner eigenen Zielerreichung gemessen. Deshalb ist er auch von Ihnen und dem von Ihnen gewünschten Beitrag abhängig. Leiten Sie beispielsweise folgende Schritte ein:

In einer Bestandsaufnahme mit Ihrem Team loten Sie aus, wie es gelingen kann, Prozesse zu optimieren und eventuell brachliegende Leistungsreserven zu mobilisieren. Gehen Sie dazu die wesentlichen Zielfelder und Tätigkeitsbereiche Ihrer Mitarbeiter im Einzelnen durch:

- Wo können neue Prioritäten gesetzt werden, um die Ziele besser zu erreichen oder gar zu übertreffen?

- Welche überflüssigen oder derzeit weniger effektiven Abläufe können neu geordnet werden?

- Gibt es für die wesentlichen Erfolgskriterien der Leistungen Ihres Teams klar identifizierbare Messgrößen? Wie können Sie es erreichen, dass in einzelnen Parametern bessere Werte erzielt werden? Beispiele lauten: höhere Geschwindigkeit von Abläufen, mehr Kosteneffizienz, mehr messbare Kundenzufriedenheit, reduzierte Fehler- und Reklamationsquoten, höhere Stückzahlen etc.

- Was kann jeder Einzelne in seinem Arbeitsbereich umstellen, verbessern oder neu gestalten, um noch wirksamer auf die wesentlichen Leistungsziele hinzuarbeiten?

Prüfen Sie, ob Sie selbst noch effizienter arbeiten können. Überdenken Sie hierzu Ihre Arbeitsorganisation und Ihr Zeitmanagement, speziell im Hinblick auf die Führung Ihres Teams und Ihrer Mitarbeiter:

- Haben Sie mit allen Mitarbeitern im Team Ziele vereinbart und/oder überprüfbare Leistungs- und Arbeitsschwerpunkte definiert?

- Liegt für jeden Mitarbeiter ein Personalentwicklungskonzept vor, in dem Kompetenzprofile, Qualifizierungsziele und potenzialorientierte Entwicklungsmaßnahmen präzisiert sind?

- Haben Sie in der Vergangenheit ausreichend delegiert oder beschäftigen Sie sich (noch) zu sehr mit Fachaufgaben, die Sie an Ihr Team übertragen könnten?

- Kümmern Sie sich vorrangig darum, Probleme zu beseitigen und Schwachstellen zu beheben statt vorausschauend zu agieren?

- Investieren Sie zu viel Zeit in das Tagesgeschäft? Reservieren Sie genügend Freiraum für planerische, gestaltende und strategische Tätigkeiten, z. B. die Analyse von Zukunftsszenarien, das Herausarbeiten der Kundenerwartungen oder die Optimierung von Prozessen?

- Leisten Sie zu viele Überstunden, ohne dass ein wesentlicher Zusatznutzen entsteht? Können Sie sich künftig mehr auf das Wesentliche konzentrieren und unnötigen Ballast abstreifen?

- Sind Sie innerlich ausgeglichen, belastbar und auf die wesentlichen Ziele Ihres Verantwortungsbereichs fokussiert? Gibt es zusätzliche Potenziale, die Sie bei sich entfalten können?

Arbeiten Sie heraus, wie die Kommunikation und Kooperation in Ihrem Team verbessert werden kann:

- Finden regelmäßige Team- und Arbeitsbesprechungen statt, in denen die Mitarbeiter sich über Ihre Tätigkeitsschwerpunkte austauschen? Gibt es beispielsweise einen wöchentlichen jour-fixe, um den Stand der laufenden Arbeiten und Projekte zu erörtern?

- Ziehen alle an einem Strang? Gibt es schwelende Konflikte, unklare Zuständigkeiten, Leerlauf oder fehlende Abstimmungen? Weiß jeder, worauf er sich zu konzentrieren hat und mit welchem Kollegen er an welchen Fachthemen arbeiten sollte? Sind die individuellen Aufgabenprofile und Ziele klar präzisiert?

- Wie ist der Status laufender Projektaufträge, Arbeitsgruppen und Sonderaufgaben? Können Projektziele neu gefasst oder Kapazitäten im Kundeninteresse zweckmäßiger eingesetzt werden?

- Wie verlaufen die Schnittstellen zu Nachbarbereichen und vor- oder nachgelagerten Wertschöpfungsstufen? Lassen sich Ansatzpunkte finden, um Qualität und Service in einem innovativen Lösungsansatz mit angrenzenden Kooperationspartnern zu steigern?

Hinterfragen Sie Ihre Rolle im Unternehmen und werden Sie sich über Ihre Ziele und Ihren Wertschöpfungsbeitrag noch stärker bewusst. Es kommt nicht darauf an, mehr zu tun, sondern sich stärker auf das Wesentliche zu konzentrieren. Führen Sie sich die entscheidenden Erfolgsgrößen besser vor Augen und setzen Sie daraufhin Ihre Prioritäten neu.

Was sollten Sie besser vermeiden?

 Ungünstig wäre es, Ihrem Vorgesetzten zu vermitteln, dass Sie nicht mehr leisten können.

Wenn Sie ihm gegenüber umfangreiche Ausführungen machen, was Sie schon alles erreicht haben und warum Sie bereits an Ihre Grenzen gestoßen sind, könnte er verärgert reagieren. Womöglich gewinnt er den Eindruck, dass Sie Ihren Aufgaben nicht gewachsen sind oder seine Hinweise nicht aufgreifen. Selbst wenn Sie das Gefühl haben, dass Sie schon das Bestmögliche leisten, sollten Sie erkennen lassen, dass Sie seine Erwartungen ernst nehmen und sich dazu eigene Gedanken machen. Präsentieren Sie ihm am besten zeitnah ein schriftliches Konzept. In einem Folgegespräch können Sie daraufhin Ansatzpunkte benennen, was Sie konkret tun werden, um die gestellten Anforderungen künftig besser zu erfüllen.

Es wäre weiterhin nicht zielführend, wenn Sie unrealistische Versprechungen machen, die Sie später nicht einhalten können. Sagen Sie nur zu, was Sie in überschaubarer Zukunft leisten können. Bedenken Sie, dass Sie an Ihren Aussagen gemessen werden. Sie verlieren an Glaubwürdigkeit und Berechenbarkeit, wenn Sie etwas ankündigen, ohne es zu erfüllen. Überdenken Sie deshalb in Ruhe, was Sie zur übergeordneten Zielerreichung beitragen können.

Auf den Punkt gebracht

1. Wenn Ihr Vorgesetzter von Ihnen mehr Leistung erwartet, liegt es an Ihnen, dieser Anforderung gerecht zu werden. Sie sind gehalten, hierzu einen Aktionsplan zu entwickeln, um die maßgeblichen Ziele in überschaubarer Zukunft besser zu erfüllen.

2. Präsentieren Sie einen überzeugenden Maßnahmenkatalog, in dem Sie Ihrem Chef veranschaulichen, wie Sie vorgehen werden, um seinen Erwartungen künftig gerecht zu werden. Benennen Sie darin nachvollziehbare Aktivitäten, Zeithorizonte und Verantwortlichkeiten.

3. Wenn Ihr Chef den Eindruck gewinnt, dass Sie seine Vorstellungen aufgreifen und konsequent an sich und dem Leistungsprofil Ihrer Einheit arbeiten, wird er Ihnen dies positiv anrechnen. Wahrscheinlich wird er später eher Verständnis zeigen, wenn nicht jedes ehrgeizige Ziel erreicht werden kann.

Die Arbeitsbelastung in Ihrem Team erhöht sich durch einen verstärkten Auftragseingang

Situationsbeschreibung

Aufgrund eines Kapazitätsengpasses wollen Sie für einen begrenzten Zeitraum Mehrarbeit anordnen. Dies hätte voraussichtlich Überstunden für die Mitarbeiter in Ihrem Team zur Folge. Eine vorübergehende Ausweitung der betriebsüblichen Arbeitszeit für alle Mitarbeiter scheint Ihnen unausweichlich.

Wie schätzen Sie die Situation als Führungskraft ein?

Zunächst ist es positiv zu bewerten, dass sich aufgrund einer günstigen Geschäftsentwicklung und zunehmender Kundenaufträge eine deutlich erhöhte Auslastung in Ihrem Bereich ergibt. Damit zeichnet sich in diesem Geschäftsjahr zugleich eine vorteilhafte Entwicklung der Deckungsbeiträge ab. Dies eröffnet Perspektiven für ein weiteres Wachstum Ihres Unternehmens. Gerne wollen Sie mit Ihrem Team einen Beitrag dazu leisten, dass die Auftragslage sich weiterhin stabilisiert und die derzeit starke Kundennachfrage durch einen professionellen Service in Ihrer Einheit gestützt wird.

Die Personalstärke in Ihrem Team kann jedoch für die überschaubare Zukunft nicht erhöht werden. Die Alternative, neue Mitarbeiter befristet zu beschäftigen, kommt ebenfalls nicht in Frage. Sie sind aufgrund einer Grundsatzentscheidung der Geschäftsleitung daran gebunden, mit dem vorhandenen Personal den erhöhten Auftragseingang zu bewältigen. Sollte sich zeigen, dass die vorteilhafte Geschäftsentwicklung auch in den nächsten Monaten anhält, kann die eher restriktive Personalplanung wahrscheinlich überdacht werden. Damit ist allerdings für das laufende Geschäftsjahr nicht mehr zu rechnen.

Ihre Mitarbeiter haben sich bisher bereits in hohem Maße engagiert und zugleich ihre fachliche Kompetenz bewiesen, um die gewachsene Zahl an Kundenanfragen erfolgreich zu bearbeiten. Eine weitere Steigerung scheint Ihnen innerhalb der regulären Arbeitszeit kaum möglich. Um die Auftragsspitzen abzufangen, sehen Sie nur die Möglichkeit, befristet Mehrarbeit anzuberaumen. Ihres Erachtens sollten dazu alle Mitarbeiter einen Beitrag leisten, um die betriebliche veranlasste Sondersituation gemeinsam zu bewältigen. Sie gehen derzeit davon aus, dass die zusätzlichen Belastungen vorübergehend sind und deshalb eine befristete Regelung gemäß den besonderen Umständen zweckmäßig ist. Sie nehmen sich vor, nötige interne Abstimmungen und Vereinbarungen mit Ihren Vorgesetzten, dem betrieblichen Personalwesen und der Arbeitnehmervertretung anzubahnen.

Vorrangig wollen Sie nun Ihr Team für diesen Schritt der temporären Mehrarbeit gewinnen. Sie hoffen, dass alle mitwirken, um die Kundenerwartungen in den nächsten Wochen weiterhin erfüllen zu können.

Welche Verhaltensmöglichkeiten bestehen für Sie?

In einer übergreifenden Abteilungs- und Teambesprechung binden Sie sämtliche Mitarbeiter ein und informieren über den derzeitigen Sachstand.

- Nutzen Sie beispielsweise eine anschauliche Präsentation, in der Sie den aktuellen Auftragseingang skizzieren und die neuen Anforderungen verdeutlichen, um künftige Anfragen zur Zufriedenheit Ihrer Kunden zu bearbeiten.

- Würdigen Sie die bisher gezeigten Leistungen Ihres Teams und stellen Sie heraus, welche Erfolgsfaktoren dazu geführt haben, dass sich eine solch positive Auftragslage entwickeln konnte. Verdeutlichen Sie in erster Linie, welchen Beitrag Ihre Mitarbeiter geleistet haben: Beschreiben Sie beispielsweise den besonderen Einsatz und die fachliche Kompetenz sowie die gute Zusammenarbeit im Team.

- Informieren Sie über die verfügbaren Ressourcen und erläutern Sie, dass in Zukunft mit einem erhöhten Arbeitsaufkommen zu rechnen ist, wenn die günstige Kundennachfrage weiter anhält. Unterstreichen Sie, dass die Situation aus dem Blickwinkel der Geschäftsentwicklung als sehr erfreulich zu bewerten ist. Lassen Sie erkennen, dass bei der Bearbeitung von neuen Kundenanfragen wahrscheinlich ein Kapazitätsengpass in Ihrem Team zu erwarten ist.

- Begründen Sie in verständlicher Weise, warum gegenwärtig eine Ausweitung der Personalkapazität nicht möglich ist. Erläutern Sie, dass zusätzliches Personal erst eingestellt werden kann, wenn sich über einen längeren Zeitraum eine stabile und vorteilhafte wirtschaftliche Entwicklung abzeichnet.

- Besprechen Sie mit Ihrem Team, welche Vorgehensweise Sie für angemessen halten und warum aus Ihrer Sicht eine befristete Vereinbarung zur Mehrarbeit für alle Mitarbeiter im Team der angemessene Weg ist.

- Prüfen Sie intern, welche Möglichkeiten Sie besitzen, die Mehrarbeit zu vergüten oder auszugleichen und erläutern Sie dies Ihren Mitarbeitern zeitnah gemäß den von Ihnen eingeholten Informationen.

- Nehmen Sie Wünsche und Anregungen Ihrer Mitarbeiter auf und setzen Sie sich mit möglichen Vorbehalten auseinander. Stellen Sie sich auch kritischen Fragen und überdenken Sie in Ruhe mögliche Einwände oder abweichende Verfahrensvorschläge.

Bieten Sie Ihren Mitarbeitern persönliche Gespräche unter vier Augen an, um in jedem Einzelfall zu prüfen, welche Arbeitsbelastung zumutbar ist und wie verfahren werden kann, falls besondere Umstände beim Einzelnen zu berücksichtigen sind.

- In vertraulichen Gesprächen kann erörtert werden, wie vorzugehen ist, falls Bedenken bestehen oder Gründe angeführt werden, warum eventuell dem betreffenden Mitarbeiter eine Mehrarbeit nicht zuzumuten ist.

- Beachten Sie, dass im Falle einer angestrebten einheitlichen Einbeziehung aller Teammitglieder zwingende Gründe vorliegen sollten, falls Einzelne ganz oder teilweise aus der Regelung ausgenommen werden. Dies ist Ihrem Team gegenüber plausibel und nachvollziehbar zu begründen. Ein Beispiel für eine Ausnahme lautet: Besondere persönliche Härten oder gesundheitliche Einschränkungen sind bei einem Einzelnen zu berücksichtigen.

- Streben Sie an, sämtliche Mitarbeiter für die Umsetzung der geplanten Mehrarbeit zu gewinnen. Dies entspricht dem Prinzip der Gleichbehandlung, wonach am besten das gesamte Team einen Beitrag leistet, um die voraussichtliche Zusatzbelastung zu bewältigen.

Definieren Sie Meilensteine, in denen das gewählte Vorgehen fortlaufend in einem praktikablen zeitlichen Rhythmus überprüft wird.

- Justieren Sie nach, falls sich zeigt, dass trotz Mehrarbeit nicht alle Aufgaben bearbeitet werden können. Die Umsetzung der vereinbarten Maßnahme kann im Hinblick auf deren Effektivität in Meilensteingesprächen bewertet und gegebenenfalls weiter verbessert werden.

- Wenn sich herausstellt, dass einzelne Mitarbeiter aufgrund ihrer jeweils besonderen fachlichen Kompetenz stärker gefordert sind, kann über deren Entlastung nachgedacht werden. Die Mehrarbeitsvereinbarung sollte nicht zu unzumutbaren Härten oder der Überforderung von Mitarbeitern in Ihrem Team führen. Denken Sie gegebenenfalls über eine Vertretungsregelung oder eine Veränderung der Arbeitsorganisation nach.

Was sollten Sie besser vermeiden?

! Sofern Sie sämtliche Mitarbeiter Ihres Teams für das Vorhaben gewinnen möchten, wäre es wenig vorteilhaft, wenn Einzelne sich stärker als andere beansprucht fühlen.

Die Mehrarbeit sollte gleichmäßig verteilt werden, sodass die Verteilung des zusätzlichen Arbeitsaufkommens als gerecht erlebt wird. Wünschenswert ist eine zügige Entscheidung, nachdem Sie Ihre Mitarbeiter über Ihre Planungen informiert haben. Verzichten Sie auf unproduktive Diskussionen, wem was zuzumuten ist. Streben Sie eine zeitnahe Umsetzung an, nachdem Sie Ihr Vorgehen nachvollziehbar begründet haben.

Lassen Sie sich nicht darauf ein, Ihre Entscheidung nochmals grundsätzlich in Frage zu stellen, wenn Sie keine Alternativen erkennen. Es ist durchaus damit zu rechnen, dass Einzelne Vorbehalte äußern, den Nutzen des Gesamtvorhabens in Frage stellen oder sich beispielsweise wünschen, dass doch weiteres Personal eingestellt wird. Sofern Sie keine Spielräume in der Personalplanung besitzen, ist es wenig zielführend, hierzu weitere Überlegungen anzustellen.

Falls Sie die abzusehende Engpass-Situation trotz bereitwilliger Unterstützung Ihres Teams nicht entschärfen können, sollten Sie mit Ihren Vorgesetzten Rücksprache halten: Ist nicht doch eine personelle Entlastung für einen begrenzten Zeitraum denkbar – oder können anderweitige Ressourcen von Dritten nachträglich bereitgestellt werden?

Auf den Punkt gebracht

1. Informieren Sie alle Mitarbeiter baldmöglichst und zum gleichen Zeitpunkt über die unausweichliche Mehrarbeit, damit auf eine zügige Umsetzung hingewirkt wird. Die von Ihnen geplante Maßnahme sollte als fair, situationsgerecht und individuell zumutbar erlebt werden, um eine vorübergehende Auftragsspitze zu bewältigen.

2. Machen Sie deutlich, dass Sie keine Spielräume besitzen, um das Gesamtvorhaben in Frage zu stellen. Appellieren Sie an jeden Einzelnen, im Rahmen seiner Möglichkeiten mitzuwirken.

3. Bieten Sie an, dass Sie nach einem festgelegten Zeitraum erneut mit Ihren Mitarbeitern darüber sprechen, ob eine dauerhafte Entlastung oder eine strukturelle Veränderung möglich ist. Hierzu ist wahrscheinlich eine fortgesetzt positive Geschäftsentwicklung eine maßgebliche Grundlage.

4. Streben Sie an, in Abstimmung mit Ihren Vorgesetzen mittelfristig eine tragfähige Lösung anzubahnen, damit die Arbeitsbelastung in Ihrem Team den neuen Vorzeichen entsprechend in Grenzen gehalten wird. Setzen Sie sich dafür ein, dass die Mehrarbeit auf einen engen zeitlichen Korridor befristet wird.

Sie reagieren auf Kundenkritik und wollen die Zufriedenheit Ihrer Kunden steigern

Situationsbeschreibung

Aufgrund von wiederholten Kundenreklamationen müssen die Qualitätsstandards in Ihrem Team überprüft werden. Sie möchten Ihre Mitarbeiter stärker für die Kundenerwartungen sensibilisieren. Dazu gehört auch, das eigene Produkt- und Dienstleistungsprofil zu überprüfen und Prozesse zu optimieren, damit künftig mehr Kundenzufriedenheit erreicht wird.

Wie schätzen Sie die Situation als Führungskraft ein?

Wenn Ihre Kunden kritische Feedbacks zu den Leistungen in Ihrem Verantwortungsbereich geben, sind Sie gehalten, über die Gründe nachzudenken. Typische Fragen lauten dabei:

- Womit sind die Kunden unzufrieden? Handelt es sich um Einzelmeinungen? Wie ist die Sicht der Kunden insgesamt?

- Werden womöglich unrealistische Erwartungen geweckt? Sind die Produkt-, Leistungs- und Servicebeschreibungen präzise genug und für Ihre Kunden ausreichend transparent?

- Sind die Qualitäts- und Servicestandards angemessen? Gibt es Mängel in den Dienstleistungen, die Sie Ihren Kunden anbieten?

- Wie lässt sich die Bearbeitung von Kundenreklamationen verbessern? Fühlt sich jeder im Team verantwortlich, um eine Kundenbeschwerde schnellstmöglich und vollständig abzustellen?

Die Ursachen für Kundenreklamationen können vielfältig sein, sodass Sie nähere Analysen benötigen, worauf sich die kritischen Kundenfeedbacks im Einzelnen beziehen. Falls Sie die Kundenkritik ignorieren oder ungeeignete Maßnahmen einleiten, besteht die Gefahr, dass die Unzufriedenheit Ihrer Kunden wächst. Im ungünstigen Fall führt dies dazu, dass Sie einzelne Kunden verlieren. Anhaltende Kundenunzufriedenheit kann sich auch schnell herumsprechen und zur Folge haben, dass bisher noch zufriedene Kunden Ihre Haltung überdenken. Das Image Ihres Unternehmens droht darunter zu leiden. Mittelfristig kann sich dies negativ auf die Geschäftsentwicklung für Ihre gesamte Firma auswirken.

Je früher Sie sich darum bemühen, gegenzusteuern, desto eher können Sie sicherstellen, dass kein „Flächenbrand" entsteht. Zwar lassen sich nicht immer alle Kundenwünsche erfüllen. Dennoch sollte Ihr Anspruch darin bestehen, möglichst viele Kunden zufriedenzustellen. Dementsprechend lohnt es sich, Ihr Leistungsspektrum selbstkritisch zu überprüfen. Falls sich die Kundenbeschwerden nicht unmittelbar abstellen lassen und die Ursachen nicht exakt lokalisierbar sind, sind die Strukturen und funktionalen Abläufe in Ihrem Verantwortungsbereich einer näheren Betrachtung zu unterziehen. Dies kann auch die Schnittstellen zu Nachbarbereichen oder die Zusammenarbeit mit Partnern, Lieferanten oder externen Dienstleistern betreffen.

Erfolgversprechend ist eine vertiefte Standortbestimmung und Situationsanalyse gemeinsam mit Ihrem Team. Möglicherweise können Sie jedoch nicht unmittelbar erkennen, in welchen Feldern am zweckmäßigsten angesetzt werden sollte. Insofern ist vorrangig der Dialog mit den Kunden gefordert, um herauszufinden, worauf sich deren Kritik im Einzelnen bezieht. Sie können darauf aufbauend mit Ihrem Team klären, wie gezielt Abhilfe zu schaffen ist – und wer hierzu in Ihrem Hause gegebenenfalls noch einzubeziehen ist.

Welche Verhaltensmöglichkeiten bestehen für Sie?

1. Analysieren Sie in einer Teamsitzung die eingehenden Kundenreklamationen und besprechen Sie mit Ihren Mitarbeitern, wie es zu den kritischen Kommentaren Ihrer Kunden kommen konnte. Untersuchen Sie die funktionalen Abläufe hin zur jeweiligen Kundenleistung und prüfen Sie, an welchen Schaltstellen eine Verbesserungsmöglichkeit besteht.

2. Führen Sie eine Kundenbefragung durch, um ein realistisches Gesamtbild zu erhalten, wie sich die Kunden zu den Leistungen Ihres Teams äußern. Falls die Rückmeldungen insgesamt positiv ausfallen, prüfen Sie am besten, warum einzelne Kunden eine abweichende Einschätzung abgegeben haben.

3. Wenn Sie gemeinsam mit Ihrem Team die die jeweiligen Kundenreklamationen näher erörtert haben, zeigt

sich unter Umständen, dass die Gründe hierfür nicht unmittelbar abgestellt werden können. Beispiele lauten: Kapazitätsengpässe in Ihrer Abteilung, Defizite in der Kommunikation mit Schnittstellenbereichen, unklare Verantwortlichkeiten im Hause, funktionale oder strukturelle Defizite, Qualifizierungsmängel bei Mitarbeitern oder Unzulänglichkeiten in einzelnen Produkt- und Leistungsmerkmalen. In diesem Falle sind Sie darauf angewiesen, die Geschäftsleitung oder Führungskräfte aus Nachbarbereichen einzubeziehen, um übergreifende Schwachstellen auszuloten und die Wertschöpfungsprozesse hin zu den Kunden zu optimieren.

4. Bei näherer Betrachtung kann sich herausstellen, dass eine firmenübergreifende Situationsanalyse und Maßnahmenplanung erforderlich ist, um durch eine umfassende Problembeseitigung zur Steigerung der Kundenzufriedenheit beizutragen. Dies entspricht einer systemischen, ganzheitlichen Perspektive, bei der nicht nur an isolierten Schwachstellen oder einzelnen Symptomen angesetzt wird, sondern vorzugsweise eine strukturelle und nachhaltige Lösung angestrebt wird.

5. Führen Sie in Ihrem Team regelmäßige Runden ein, in denen über Kritik und mögliche Ansatzpunkte zur Erfüllung der Erwartungen einzelner Kunden gesprochen wird. Ihre Mitarbeiter erkennen womöglich einzelne Schwachpunkte, sehen sich aber spontan nicht dazu in der Lage, daran etwas zu ändern. Gelegentlich werden andere eines Fehlverhaltens bezichtigt, oder der Aufwand für die nötigen Maßnahmen wird als zu hoch eingestuft. Sensibel ist es, dem Kunden selbst die Verantwortung zuzuschreiben, etwa indem argumentiert wird, dass die Erwartungen

einzelner Kunden zu hoch seien, die Geduld fehle oder dass manche Kunden zu schnell ungehalten reagieren würden. Nehmen Sie jeden im Team in die Pflicht, von seiner Seite geeignete Schritte zur Steigerung der Kundenzufriedenheit einzuleiten.

6. Die Einführung eines zentralen Beschwerdemanagements kann hilfreich sein, um damit eine übergreifende Ursachenfahndung bei eingehender Kundenkritik zu betreiben. Die Gefahr eines solchen Systems besteht jedoch darin, dass ein bürokratisches System aufgebaut und der Einzelne dazu verleitet wird, sich nicht mehr selbst um die Beschwerden zu kümmern: Eine eingehende Kundenkritik wird dann womöglich nur an einen Beschwerdemanager weitergeleitet, ohne dass unmittelbar etwas geschieht.

7. Kontraproduktiv wäre es, den Kunden davon zu überzeugen, dass „er sich täuscht", dass „mehr nicht leistbar war" oder dass er „selbst die Verantwortung trägt, dass etwas schief gelaufen ist". Grundsätzlich sollten Ihre Mitarbeiter den Kundendialog so führen, dass Verständnis und Entgegenkommen gezeigt wird, um den Kunden doch noch zufriedenzustellen. Hilfreich ist ein einfühlsames, verständnisvolles und lösungsorientiertes Verhalten im Kundendialog. Dies beinhaltet die Bereitschaft, sich dem persönlichen Gedankenaustausch mit kritischen Kunden zu stellen – statt auszuweichen, wenn etwa ein Kunde aufgebracht reagiert. Jeder im Team sollte dies „aushalten" können, ohne sich provozieren zu lassen oder gar selbst emotional zu reagieren. Innere Gelassenheit und ein hohes Maß an sachlicher Gesprächsführung sind eine Voraussetzung dafür, um im Kundengespräch zu überzeugen.

Was sollten Sie besser vermeiden?

 Wenig hilfreich ist es, geäußerte Kundenkritik zu bagatellisieren oder womöglich gar nicht zur Kenntnis zu nehmen.

Machen Sie nicht den Kunden für die aufgetretenen Probleme verantwortlich. Die Verantwortung zum Gegensteuern liegt bei Ihnen. Ansonsten riskieren Sie, einen oder mehrere Kunden zu verlieren. Reagieren Sie unverzüglich und bemühen Sie sich gemeinsam mit Ihrem Team, um unzufriedene Kunden wieder zu versöhnen.

Vermeiden Sie einseitige Schuldzuweisungen und gefühlshaft geprägte Auseinandersetzungen. Verlagern Sie die Problembeseitigung nicht auf Dritte. Selbst wenn Sie die Gründe für eine Kundenkritik selbst nicht abstellen können, liegt es an Ihnen, den ersten Schritt zur Beschwerdeklärung einzuleiten. Bereits Ihr erkennbares Bemühen, etwas gegen die geäußerte Kundenkritik zu unternehmen, wird Ihnen positiv angerechnet. Ihr Kunde erwartet wahrscheinlich nicht, dass von heute auf morgen Abhilfe geschaffen wird. Was er sich eher wünscht, ist dass man sich in Ihrem Hause der Sache annimmt, Verständnis zeigt, zuvorkommend reagiert und eine Lösungsfindung innerhalb einer überschaubaren Zeitstrecke in Aussicht stellt. Dies erfordert, dass Sie sich entschlossen und engagiert für die Kundenbelange einsetzen – selbst wenn Ihnen die Hände gebunden sind, um ein aufgetretenes Problem zügig abzustellen.

Machen Sie Ihren Mitarbeitern bewusst, dass es vorrangig darauf ankommt, das Gespräch mit dem Kunden zu suchen, keine leeren Versprechungen zu machen und eine geäußerte Kritik auch anzunehmen. Nicht immer läuft alles nach Plan! Dass da und dort kritische Feedbacks eingehen, lässt sich kaum vermeiden. Beweisen Sie Ihre Bereitschaft, gemeinsam mit Ihrem Team den unmittelbaren Kundendialog zu suchen und alles in Ihrer Macht stehende zu tun, um unzufriedene Kunden wieder zu versöhnen.

Der Kunde wird es nicht honorieren, wenn versucht wird, ihm zu beweisen, dass die Gründe für die Unzufriedenheit gar bei ihm selbst liegen. Selbst wenn sich manche Kunden nicht ohne weiteres versöhnen lassen: Verdeutlichen Sie Ihren Mitarbeitern, dass ein Kunde es meist anerkennt, wenn seine Kritik gehört wird und Ihr Haus sich konsequent darum bemüht, ihn durch kulantes Handeln wieder zu besänftigen.

Auf den Punkt gebracht

1. Kritische Kundenreaktionen sind ernst zu nehmen. Ein unzufriedener Kunde verdient unmittelbare Aufmerksamkeit und eine respektvolle Behandlung von Ihrem Team. Eine Kundenbeschwerde zu ignorieren kann sich schnell rächen: Das Vertrauen in Sie und Ihr Unternehmen werden nachhaltig belastet, wenn Sie geäußerte Kritik auf die leichte Schulter nehmen. Unzufriedenheit spricht sich schnell herum. Denken Sie gemeinsam mit Ihrem Team fortlaufend darüber nach, wie aufkeimende Kundenkritik frühzeitig entschärft werden kann.

2. Jeder Mitarbeiter sollte sich dafür verantwortlich fühlen, bei einer Kundenkritik selbst die Initiative zu ergreifen und die Verantwortung für die Problembeseitigung nicht einfach Dritten zu übertragen.

3. Sensibilisieren Sie Ihre Mitarbeiter dafür, dass ein hohes Maß an Kundenzufriedenheit entscheidend für die Existenzsicherung Ihres Unternehmens ist. Der Kunde erwartet zu Recht, dass er ernst genommen und dabei freundlich und zuvorkommend behandelt wird – und alles von Ihrer Seite Mögliche unternommen wird, um ihn wieder zufriedenzustellen.

Ein Mitarbeiter wünscht sich ein attraktiveres Aufgabengebiet

Situationsbeschreibung

Ein Mitarbeiter wendet sich an Sie, um mit Ihnen über Möglichkeiten zu sprechen, sein Arbeitsgebiet zu verändern und ihm mehr Gestaltungsspielräume zu gewähren. Er hat den Eindruck, dass ihn seine aktuellen Aufgaben nicht genügend fordern. Er traut sich mehr zu. Ihre Möglichkeiten, derzeit auf seine Wünsche einzugehen, sind jedoch aufgrund der Umfeldbedingungen in Ihrer Firma eher eingeschränkt.

Wie schätzen Sie die Situation als Führungskraft ein?

Wenn ein Mitarbeiter Sie spontan anspricht, um mit Ihnen über seine Arbeitszufriedenheit und sein Aufgabengebiet zu sprechen, sollten Sie hierfür ein offenes Ohr haben. Ein Mitarbeiter kann nur gute Leistungen zeigen, wenn er sich mit seinen Tätigkeiten identifiziert, motiviert an die jeweiligen Aufgaben herangeht und für sich einen Sinn in den gestellten Anforderungen erkennt. Hat er jedoch den Eindruck, dass er nicht genügend gefordert wird, spricht dies dafür, dass er sich eine Veränderung wünscht, die stärker seinen Fähigkeiten, Stärken und Potenzialen entspricht.

Ein Mitarbeiter, der anhaltend frustriert wirkt, wird dies über kurz oder lang nach außen tragen: sei es, dass er seine Unzufriedenheit gegenüber Dritten äußert, nur mit geringem Elan an die Aufgaben herangeht oder sich innerlich von seinem

Job distanziert. Er macht dann wahrscheinlich irgendwann nur noch „Dienst nach Vorschrift" – mit dem Effekt, dass seine indifferente Einstellung zu den Tätigkeitsinhalten sowohl vom Team als auch von den Kunden wahrgenommen wird.

Insofern besteht sogar die Gefahr, dass Dritte durch seine fehlende persönliche Identifikation mit der eigenen Arbeit zu leiden haben – bis dahin, dass im Team, in Arbeitsgruppen, in Projekten oder im direkten Kundenkontakt Fehler und Irritationen auftreten. Ein Mitarbeiter sollte dort eingesetzt werden, wo seine Kompetenzen optimal zum Einsatz kommen können. Es wäre für eine langfristig konstruktive Zusammenarbeit wenig förderlich, die Botschaften und Signale des Mitarbeiters zu missachten oder ihn dazu bewegen zu wollen, einfach nur seinen Job zu machen. Ein Mitarbeiter, der gezwungen wird, etwas zu tun, was seinen Vorstellungen nicht entspricht, kann keine Stütze in einem gut harmonierenden Team sein. Im Gegenteil: Seine Demotivation und die ihm fehlenden Sinnbezüge in seiner Arbeit blockieren andere, die engagiert an die gemeinsame Aufgabenerledigung herangehen.

Selbst wenn Sie keine Möglichkeiten erkennen, sein Aufgabengebiet kurzfristig zu verändern, liegt es nahe, in einen schrittweisen Dialog mit ihm einzutreten. Vielleicht finden sich Ansatzpunkte, wie Sie mittelfristig seine Tätigkeitsschwerpunkte, seine Verantwortung und seine Gestaltungsmöglichkeiten nach und nach stärker auf seine Vorstellungen ausrichten. Zwar können Sie wahrscheinlich nicht alle Wünsche aufgreifen und sind zudem an betriebliche Vorgaben gebunden, etwa weil bestimmte Aufgaben gemäß seinem Stellenprofil von ihm erledigt werden müssen. Dennoch denken Sie am besten gemeinsam mit ihm darüber nach, wie Sie sein Aufgabengebiet interessanter gestalten und dabei neue Herausforderungen finden, um ihn wieder zu motivieren. Dies setzt voraus, dass Sie sich einen differenzierten Überblick über seine Kenntnisse, seine Erfahrungen und seine Fähigkeiten verschaffen – und dabei klären, welche weitere Entwicklung ihm zuzutrauen ist. Insofern ist eine Kompetenz- und Potenzialanalyse ein zweckmäßiger Schritt, um herauszufinden, welches Leistungsvermögen in ihm steckt und in welche Richtung er für sich künftig neue berufliche Schwerpunkte setzen kann.

Hinterfragen Sie dazu nicht nur Ihre eigene Sicht und diejenige Ihres Mitarbeiters, sondern ziehen Sie, sofern möglich, auch kompetente Experten hinzu, beispielsweise einen betrieblichen Bildungsexperten oder Personalentwickler. Selbst wenn es sich nicht um eine künftige Führungsaufgabe (mit Personalverantwortung) im engeren Sinne handelt, sondern Ihr Mitarbeiter vorrangig ein *fachlich* erweitertes Aufgabengebiet mit herausgehobenen Urteils- und Entscheidungsbefugnissen anstrebt: Sichern Sie Ihre Eindrücke und Bewertungen ab, indem Sie die Meinung von Dritten einholen. Bedenken Sie die Risiken für Ihr Unternehmen im Falle einer Fehlbesetzung, z. B. durch Überforderung Ihres Mitarbeiters. Ähnlich wie bei der internen Besetzung einer Führungsfunktion bedarf auch die Übertragung einer fachlich anspruchsvollen Aufgabe einer sorgfältigen Analyse im Vorfeld: Ist tatsächlich eine Passung zwischen Stärken und Potenzialen des Mitarbeiters einerseits und den betrieblichen Anforderungen in der neuen Fachaufgabe andererseits gegeben?

Eventuell können weitere Vorgesetzte, Projektleiter oder erfahrene Praktiker aus Ihrem Hause, die mit Ihrem Mitarbeiter zusammen gearbeitet haben, eigene Einschätzungen ergänzen. Bis dahin, dass externe Gutachter, Trainer oder Berater ihre Sicht aus neutralem Blickwinkel beisteuern – z. B. wenn die jeweilige Fach- oder Führungskraft eine Schlüsselposition in Ihrem Hause einnimmt oder einnehmen könnte. Durch eine „Rundumsicht" mehrerer Urteiler kann die Einschätzung systematisch erweitert und aussagefähiger gestaltet werden. Sie erhalten dadurch auch die Möglichkeit, Ihre eigene Wahrnehmung zu validieren.

Welche Verhaltensmöglichkeiten bestehen für Sie?

Bieten Sie dem betreffenden Teammitglied an, ein ausführliches Gespräch zur Standortbestimmung zu führen, beispielsweise ein Jahres-Mitarbeitergespräch. Dies beinhaltet einen Rückblick auf die bisherige Entwicklung am Arbeitsplatz, die in den letzten Monaten gezeigten Leistungen, das aktuelle Kompetenzniveau, besondere Stärken und vermutete Potenziale. Aspekte der persönlichen Zufriedenheit im jeweiligen Arbeitsumfeld sollten ebenfalls näher beleuchtet werden. In einem partnerschaftlichen Dialog können Sie die Sichtweisen Ihres Mitarbeiters mit Ihren eigenen abgleichen.

Wichtig ist, dass sich auch Ihr Mitarbeiter gleichermaßen auf ein solches strukturiertes Gespräch vorbereitet. Die Ergebnisse zu den einzelnen Gesprächsfeldern können dokumentiert und für mögliche Folgemaßnahmen, z. B. gezielte Potenzialinterviews, herangezogen werden. Hierzu ist die Einwilligung des Mitarbeiters einzuholen.

In diesem Gespräch zur Standortbestimmung sollten auch bisherige Förder- und Qualifizierungsmaßnahmen erörtert werden:

- Welche Bildungsmaßnahmen hat der Mitarbeiter durchlaufen?
- Inwiefern können absolvierte Weiterbildungen eine Grundlage dafür bieten, neue, erweiterte oder anspruchsvollere Aufgaben zu übernehmen?
- In welchen Feldern besteht weiterer Qualifizierungsbedarf?

In einer Kompetenzanalyse kann geprüft werden, welche Kenntnisse, Fähigkeiten und Erfahrungen derzeit in welchem Maße ausgeprägt sind. Dabei lassen sich Abweichungen zum Soll betrachten, sowohl bezogen auf die derzeitige Position als auch auf andere, verwandte Aufgabengebiete.

Beispiel: Wenn ein Sachbearbeiter sich wünscht, stärker vertrieblich zu arbeiten, können verkäuferische Kompetenzen näher beleuchtet werden. Sofern der Mitarbeiter stärker im direkten Kundenkontakt arbeiten möchte, gilt es zu prüfen, welche Anforderungen in einer kundenahen Position an ihn herangetragen werden.

Durch einen Soll-Ist-Abgleich werden Fähigkeitslücken aufgezeigt, die in der näheren Zukunft durch geeignete Fördermaßnahmen zu schließen sind.

Prüfen Sie Ihre Möglichkeiten, das derzeitige Aufgabenspektrum Ihres Mitarbeiters in ausgewählten Bereichen neu zu gestalten – selbst wenn keine grundlegende Positionsveränderung in Frage kommt. Dazu sind die aktuellen Anforderungen im Einzelnen zu hinterfragen und die jeweiligen Tätigkeiten in seinem Aufgabenprofil näher zu beleuchten:

- Können einzelne Aufgaben entfallen oder alternativ durch Kollegen im Team bewältigt werden?

- Bietet sich eine Option, dass Ihr Mitarbeiter für ihn attraktive Aufgaben übernimmt, die bisher von anderen Teammitgliedern bearbeitet wurden?

- Besteht die Möglichkeit, Ihren Mitarbeiter in interdisziplinäre Arbeitsgruppen, Projektgruppen oder „virtuelle Teams" aufzunehmen, damit er dort seine Erfahrungen einbringen und sich weiterentwickeln kann?

- Lässt sich seine derzeitige Tätigkeit höherwertig gestalten, indem anspruchsvollere Aufgaben hinzukommen, ohne ihn jedoch zu überfordern?

  Hinweis: Hierzu ist Rücksprache mit dem betrieblichen Personalwesen zu halten, da dies dazu führen kann, dass die Tätigkeit im betrieblichen Tarif- oder Gehaltssystem neu eingestuft oder eingruppiert werden muss.

- Kommt eine andersartige Aufgabe für Ihren Mitarbeiter in Frage, die er nach entsprechender Vorbereitung später übernehmen könnte?

  Dies setzt wiederum voraus, dass Sie mittelfristig einen Nachfolger für ihn finden, da sie wahrscheinlich sein derzeitiges Aufgabenspektrum auch künftig ausfüllen müssen.

Selbst wenn Sie kurzfristig keine Möglichkeiten zur Umgestaltung seines Aufgabenprofils erkennen, etwa weil betriebliche Zwänge oder maßgebliche Kundenanforderungen dies nicht möglich machen: Erarbeiten Sie gemeinsam mit ihm eine mittelfristige Perspektive.

Ihrem Mitarbeiter kann es zugemutet werden, die derzeitigen Aufgaben für eine überschaubare Zeitstrecke weiterhin auszuüben. Erläutern Sie ihm, dass Sie Zeit benötigen, um sein Tätigkeitsprofil zu überdenken. Dabei sind die Belange Ihres Unternehmens, etwa die Kundenerwartungen oder die Anforderungen eines reibungslosen wirtschaftlichen Ablaufs, vorrangig zu beachten.

Entwerfen Sie schrittweise einen persönlichen Entwicklungsplan für Ihren Mitarbeiter. Zeigen Sie für die nächsten Monate auf, welche Maßnahmen ergriffen werden, um vereinbarte Förderschritte nach und nach umzusetzen. Dies beinhaltet Zielformulierungen mit Terminbezug und Verantwortlichkeiten:

- Was wird von wem bis wann initiiert?

- Wer ist jeweils einzubeziehen, damit die Maßnahme umgesetzt werden kann? (z. B. Personalabteilung, Projektleitung etc.)

- Woran wird erkannt, dass die Maßnahmen erfolgreich verlaufen?

- Wie wird überprüft, dass die angestrebten Kompetenzen und Erfahrungen vorhanden sind, damit der Mitarbeiter erweiterte Aufgaben (falls vereinbart) zum definierten Zeitpunkt übernehmen kann?

Behalten Sie sich vor, nach dem künftigen Bedarf in Ihrem Unternehmen zu entscheiden. Informieren Sie Ihren Mitarbeiter darüber realistisch im Vorhinein. Er sollte Ihre Perspektivaussage nicht als verbindliche Zusage interpretieren, die Sie womöglich später nicht einhalten können: Eine bestimmte Position mit einem inhaltlichen Aufgabenzuschnitt kann nur gemäß den jeweiligen betrieblichen Anforderungen besetzt werden. Falls sich die Randbedingungen verändern, etwa weil Ihr Unternehmen sich in einem strukturellen Veränderungsprozess befindet, hat dies zur Folge, dass zum späteren Zeitpunkt eine neue Ausgangslage zu berücksichtigen ist.

Was sollten Sie besser vermeiden?

Lassen Sie sich nicht zu vorschnellen Versprechungen hinreißen, die den betrieblichen Realitäten zuwiderlaufen.

Bitten Sie Ihren Mitarbeiter um Geduld, da auch Sie Zeit benötigen, um vertiefte Überlegungen anzustellen und erst nach und nach eine Veränderung in seinem Sinne anbahnen können. Unter Umständen ergeben sich auch spontane Chancen, z. B. ein kurzfristig aufkommender Bedarf für die Neubesetzung von Positionen, die Sie derzeit noch nicht abschätzen können.

Es lohnt sich, die Stärken und Potenziale Ihres Mitarbeiters zu fördern und auszubauen, selbst wenn Sie derzeit noch keine passende Zielposition anbieten können. Wenn Ihr Mitarbeiter ein Qualifizierungsprogramm durchlaufen hat, dann aber wider Erwarten doch keine geeignete Position zu besetzen ist, haben Sie von Ihrer Seite das Mögliche getan. Ihr Mitarbeiter kann zum gegebenen Zeitpunkt entscheiden, ob er eine sich eröffnende Option in Ihrem Hause annimmt oder andere Prioritäten setzt. Dies kann auch bedeuten, dass er sich beruflich neu orientiert.

Dies sollte Sie jedoch nicht dazu veranlassen, die Mitarbeiterförderung halbherzig anzugehen – etwa weil Sie befürchten, Ihr Mitarbeiter könnte Ihr Unternehmen später verlassen. Wenn Sie ihn nur deshalb nicht qualifizieren wollen, weil er sich künftig anderweitig orientiert, würde dies das betriebliche Personalentwicklungskonzept in Frage stellen.

Auf den Punkt gebracht

1. Suchen Sie das vertiefte Gespräch mit Ihrem Mitarbeiter. Überdenken Sie die Möglichkeiten, sein Tätigkeitsprofil anzupassen. Erläutern Sie ihm, welche Gestaltungsmöglichkeiten Sie derzeit besitzen und welche Grenzen Ihnen gesetzt sind. Falls Sie kurzfristig keine Änderungen herbeiführen können, verdeutlichen Sie ihm die Perspektive einer schrittweisen Lösung.

2. Zeigen Sie sich grundsätzlich offen dafür, seine Vorstellungen zu berücksichtigen. Hinterfragen Sie, inwiefern die Aufgabenverteilung und die Abläufe in Ihrem Team neu geordnet oder umgestaltet werden können, um herausfordernde Aufgabenstellungen für alle Mitarbeiter zu ermöglichen.

3. Setzen Sie sich näher mit den Stärken, Kompetenzen und Potenzialen Ihres Mitarbeiters auseinander. Entwickeln Sie einen Personalentwicklungsplan, z. B. mit gezielten Qualifizierungs-Bausteinen, um gemäß den künftigen betrieblichen Anforderungen und den Voraussetzungen Ihres Mitarbeiters eine mittel- bis langfristige Neugestaltung seines Tätigkeitsprofils anzubahnen.

Literaturempfehlungen

Achouri, C.: Wenn Sie wollen, nennen Sie es Führung. Systemisches Management im 21. Jahrhundert. Offenbach: Gabal, 2011.

Bates, B.: Der 5-Minuten-Coach. Die wichtigsten Coaching-Modelle auf den Punkt, Kulmbach, Börsenmedien Books4-Success, 2016.

Bergdolt, R.: Führung im Unternehmen. Praxisbuch für aktives Mitarbeitermanagement. München: C.H. Beck, 2014.

Bill, G.: Sieben Prinzipien gelassener Führung. Weinheim: Wiley VCH, 2010.

Brandt, J.; Oehmke, K.: Führen auf Augenhöhe. Kollegen und Teams motivieren und leiten. Hamburg: Cornelsen, 2010.

Christiani, A.; Scheelen, F. M.: Stärken stärken. Talente entdecken, entwickeln und einsetzen. München: Redline Wirtschaft, 2008.

de Hoop, R.: Spitzenteams der Zukunft. So spielen Virtuosen zusammen. Offenbach: Gabal, 2014.

Doppler, K.; Lauterburg, Ch.: Change-Management: Den Unternehmenswandel gestalten. 13. Aufl. Frankfurt/M.: Campus, 2014.

Douma, E.: Mitarbeiterführung: Crashkurs. Hamburg: Cornelsen, 2010.

Fehlau, E.G.: Konflikte erfolgreich managen. Freiburg: Haufe Lexware, 2014.

Fischer, J. & Nöllke, M. (Hrsg.): Management. Was Führungs-kräfte wissen müssen. 4. Aufl. Freiburg: Haufe, 2010.

Gawrich, R.; Topf, C.: Das Führungsbuch für erfolgreiche Frauen. München: Redline, 2012.

Gratz, W.: Gesund führen. Mitarbeitergespräche zur Erhal-tung von Leistungsfähigkeit und Gesundheit in Unterneh-men. Wien: Linde, 2014.

Gremmers, U.: Neu als Führungskraft. So werden Sie ein guter Vorgesetzter. 2. Aufl. Hannover: Humboldt, 2010.

Groth, A.: Führungsstark in alle Richtungen: 360-Grad-Lea-dership für das mittlere Management. Frankfurt/M.: Cam-pus, 2010.

Haberleitner, E.; Deistler, E.; Ungvari, R.: Führen, Fördern, Coachen – So entwickeln Sie die Potenziale Ihrer Mitarbeiter. München: Piper, 2014.

Haller, R.: Checkbuch für Führungskräfte. Freiburg: Haufe Lexware, 2012.

Hering, R.: Leadership statt Management. Führung durch Motivation. Bern: Haupt, 2010.

Hofbauer, H.; Kauer, A.: Einstieg in die Führungsrolle. Pra-xisbuch für die ersten 100 Tage. 3. Aufl. München: Hanser, 2011.

Jenewein, W.; Heidbrink, M.; Heuschele, F. (Hrsg). Begeis-terte Mitarbeiter. Wie Unternehmen ihre Mitarbeiter zu Fans machen. Stuttgart: Schäffer-Poeschel, 2014.

Kratz, H.-J.: Chef-Checkliste Mitarbeiterführung. Die 100 wichtigsten Regeln. 9. Aufl. Regensburg: Walhalla, 2012.

Kratz, H.-J.: Stolpersteine in der Mitarbeiterführung: So werden Sie vom Erfolgsbremser zum Erfolgssteigerer. Regensburg: Walhalla, 2009.

Kunz, G.: Vom Mitarbeiter zur Führungskraft – Die erste Führungsaufgabe erfolgreich übernehmen. 3. Aufl. München: C.H. Beck im dtv, 2015.

Kunz. G.: Personalführung. Die 20 wichtigsten Instrumente. München: C.H. Beck kompakt, 2014.

Kunz. G.: So führe ich mein Team. Teams aufbauen, fördern und entwickeln. München, C.H. Beck kompakt, 2015.

Lang, K.: Personalmanagement 3.0. – 22 Kernkonzepte aus der aktuellen Führungspraxis. Wien: Linde, 2014.

Löhken, S.: Leise Menschen – starke Wirkung. Wie Sie Präsenz zeigen und Gehör finden. Offenbach: Gabal, 2012.

Malik, F.: Führen – Leisten – Leben. Wirksames Management für eine neue Zeit. Stuttgart: DVA, 2000.

Meifert, M. T. (Hrsg.): Führen. Die erfolgreichsten Instrumente und Techniken. Freiburg: Haufe, 2011.

Meifert, M. T. (Hrsg.): Management Coaching. Freiburg: Haufe, 2012.

Mentzel, W.: Personalentwicklung. Wie Sie Ihre Mitarbeiter erfolgreich fördern und weiterbilden. München: C.H. Beck im dtv, 2008.

Nölke, M., Zielke, Ch. & Kraus, G.: Praxiswissen Management. Freiburg: Haufe, 2015.

Nöllke, M.: In den Gärten des Managements: Für eine bessere Führungskultur. Freiburg: Haufe, 2011.

Oppermann-Weber, U.: Praxis der Mitarbeiterführung. Mannheim: Cornelsen Scriptor, 2011.

Schmidt, R.: Selbstmanagement. Crashkurs. Hamburg: Cornelsen, 2010.

Schulz, R.: Toolbox zur Konfliktlösung. Konflikte schnell erkennen und erfolgreich bewältigen. Freising/München: Stark, 2012.

Schwanfelder, W.: Der glückliche Manager. Warum Glück Ihren Erfolg potenziert. München: Ariston, 2011.

Straub, D.: Change Management: Das Zugvogel-Prinzip. München: Hanser, 2013.

Weiand, A.: Toolbox Change Management. 44 Instrumente für Vorbereitung, Analyse, Planung, Umsetzung und Kontrolle. Stuttgart, Schäffer-Poeschel, 2016.

White, D.; von Knauer, M.: Miese Chefs. München: Ariston, 2011.

Witt-Bartsch, A.; Becker, T.: Coaching im Unternehmen. Freiburg: Haufe Lexware, 2010.

Stichwortverzeichnis

Der Autor

Gunnar C. Kunz, Diplompsychologe, ist selbstständiger Managementberater und Coach in Ginsheim-Gustavsburg. Er hat bereits zahlreiche Bücher zum Thema „Karriere- und Führungskräfteentwicklung" verfasst. In der Reihe Beck-Wirtschaftsberater im dtv sind von ihm die Bände „Neue Perspektiven im Job", „Vom Mitarbeiter zur Führungskraft" und „Neu in der Führungsrolle" erschienen. Für die Reihe Beck kompakt verfasste er die Titel „Personalführung. Die 20 wichtigsten Instrumente" und „So führe ich mein Team".

Impressum:
Verlag C. H. Beck im Internet: www.beck.de
ISBN: 978-3-406-70518-2
© 2017 Verlag C. H. Beck oHG
Wilhelmstraße 9, 80801 München
Satz: Fotosatz Buck, Kumhausen
Umschlaggestaltung: Ralph Zimmermann – Bureau Parapluie
Umschlagbild: © monkeybusinessimages – istockphoto.com
Druck und Bindung: Beltz Bad Langensalza GmbH,
Neustädter Str. 1–4, 99947 Bad Langensalza
Gedruckt auf säurefreiem, alterungsbeständigem Papier
(hergestellt aus chlorfrei gebleichtem Zellstoff)